АСТРОЛОГИЯ
у вас дома

пол уэйд

АСТРОЛОГИЯ
у вас дома

Идеальный дом для вашего знака зодиака

Anna Petto

Перевод с английского Л.С. Головиной

Москва
•РОСМЭН•
2006

Посвящается

Кэрол, которая всегда была рядом со мной,

Молли, на которую я всегда мог положиться,

Саре и Рэйчел, которые направляли и вдохновляли меня.

Содержание

Введение 6

Как гороскоп влияет на наш вкус 8

Астрология и цвет 14

Знаки зодиака 26

Указатель 124

Введение

Эта книга объединяет две темы, ставшие в наши дни необычайно популярными. Первая касается оформления интерьеров. Огромный интерес к ней подогревается многочисленными журналами, книгами и выставками, наперебой рассказывающими, как это следует делать. Все больше людей начинают понимать целесообразность вкладывания средств в домашнюю обстановку. В нашем распоряжении масса рекомендаций по дизайну — практических, будоражащих воображение, порой необычных и даже странных.

Неудивительно, что многие пока не решаются воплотить подобные предложения в жизнь. Признавая современные тенденции, большинство все-таки предпочитает вполне традиционный подход к обустройству своего жилища. Зачастую дело здесь даже не в страхе перед новыми вещами или экспериментированием со своим жизненным пространством, а в неспособности разобраться в противоречивой информации.
При таком изобилии советов, сыплющихся со всех сторон, очень трудно понять, какой из потрясающих вариантов декора идеален именно для вас.

Роль астрологии

И вот тут-то на сцену выходит астрология. Астрологический подход помогает разобраться во вкусах, предпочтениях и пристрастиях людей; он существует многие тысячи лет, и за это время глубоко проник в традиции самых разных народов.

Зная всего лишь дату рождения, астрология позволяет сделать вполне логичные и зачастую удивительно точные выводы относительно ваших эстетических предпочтений и декораторских вкусов. Солнце каждый год совершает один и тот же путь, проходя через 12 зодиакальных созвездий, что позволяет легко выделить те периоды, в которые то или иное созвездие

ВНИЗУ. Понимание отличительных особенностей вашего знака зодиака, а также знаков зодиака других людей может оказать неоценимую помощь в общении и взаимоотношениях с окружающими, в достижении эмоционального комфорта и эстетической гармонии.

приобретает для вас особое значение. Однако это лишь важная отправная точка для строительства дома. Чтобы этот дом стал идеальным с астрологической точки зрения, необходимо учитывать влияние и других созвездий. Только в этом случае вы сможете организовать свой быт так, как вам хочется.

Популярность астрологии зиждется на естественном желании человека лучше понять себя и других, на стремлении к гармоничному сосуществованию с окружающим миром. В современном обществе легко почувствовать себя чужим и одиноким, поэтому так важно ощущать свою принадлежность к мгновенно узнаваемой узкой группе людей. Ваши переживания и опыт станут гораздо глубже и богаче, если вы разделите их с другими; вы почувствуете духовную связь с людьми, которых даже не знаете. И безусловно, астрологический подход позволит вам повысить качество жизни в целом.

Чтобы создать идеальную домашнюю атмосферу на основе астрологии, вам понадобится полная астрологическая натальная карта и достаточно точное представление о том, как сложить воедино все астрологические элементы. Приступая к делу, лучше воспользоваться услугами профессионального астролога, но не помешает и консультация дизайнера, поскольку найти специалиста, одинаково хорошо разбирающегося и в том, и в другом, — непростая задача.

ВНИЗУ. Знание принципов астрологии поможет в выборе правильной цветовой гаммы и верного декоративного решения интерьера для гармоничной жизни.

Как пользоваться этой книгой

В книге приведена единая схема для всех 12 знаков зодиака, которая включает следующие разделы:

- **Отличительные особенности знака**, а также факторы и приоритеты, наиболее важные для тех, кто родился под этим знаком.
- **Идеальный дом для знака**, включая первое впечатление, которое возникает у человека при знакомстве с ним, общую атмосферу дома, отношение знака к нему и к семейной жизни в целом.
- **Стихии, к которым относится знак**: связан ли он с огнем, воздухом, землей или водой, и как эта связь влияет на предпочтения человека.
- **Конкретные рекомендации по дизайну для всех помещений в доме** — прихожей, жилых комнат, кухни, спальни, ванной и «лишней» комнаты, которую в идеале каждому хотелось бы иметь, — включая выбор тканей, обоев, предметов искусства, декоративных растений, покрытий для полов, освещения и таких частностей, как книги, камины, фонтаны, ювелирные изделия.
- **Сочетание с другими знаками**: серьезным испытанием в современной жизни является близкое соседство других людей. В конце разделов, посвященных каждому знаку зодиака, вы найдете советы, которые помогут вам ужиться с теми, кто родился под тем же или другим знаком. В них описываются достоинства вашего союза, трудности, с которыми вы можете столкнуться, и рекомендации, как сделать союз гармоничным с точки зрения дизайна.

Как гороскоп влияет на наш вкус

Настоящая астрология — весьма сложное и всеобъемлющее учение. В нашей книге мы затронем лишь поверхностный ее пласт. Построения, основанные только на знаке зодиака, не всегда могут раскрыть абсолютно все, что касается ваших вкусов и предпочтений в обустройстве дома. В этой главе объясняется, почему иногда реальный результат применения этой дисциплины существенно отличается от того, что мы ожидаем получить исходя из наших дилетантских представлений о ней. Этот краткий обзор должен заинтересовать вас и побудить к более глубокому изучению предмета.

Принципы практической астрологии

Чтобы составить достаточно точную картину вашего характера и вкусовых предпочтений, профессиональному астрологу нужно знать три вещи:

1. **Дату рождения** — не только день и месяц, но и год, так как внешние планеты меняют свое положение относительно знаков зодиака с цикличностью в несколько десятилетий.
2. **Время рождения.** Каждое зодиакальное созвездие восходит над восточной частью горизонта в определенное время суток, и точное время рождения помогает составить более точную карту.
3. **Место рождения.** В связи с существованием нескольких часовых поясов местное время в одном населенном пункте может не совпадать с местным временем в другом.

Индивидуальная натальная карта

Получив эти данные, астролог может составить вашу индивидуальную натальную карту, указывающую взаимное расположение планет и созвездий и взаимодействие между ними на момент и в месте вашего рождения.

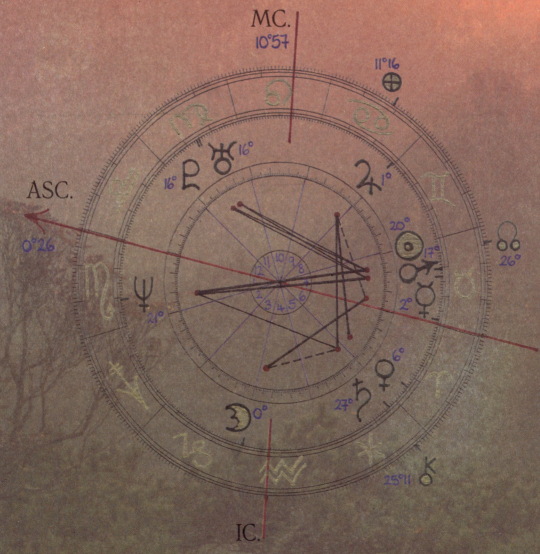

Это совершенно необходимо для составления точных прогнозов. Не будет преувеличением сказать, что каждая натальная карта уникальна: для того чтобы две карты оказались абсолютно одинаковыми, два человека должны были бы родиться в один день, месяц и год, в одном месте и в одну и ту же минуту. Даже у близнецов все эти параметры не совпадают.

Знаки зодиака

Составление индивидуальных натальных карт — непосильная задача для популярной астрологии. Поэтому разделение всех жителей Земли на категории в соответствии с известными двенадцатью знаками зодиака в зависимости от даты рождения является лишь удобным ориентиром, а на самом деле картина получается далеко не полной. По мере обращения Земли вокруг Солнца последнее в течение года проходит через каждое зодиакальное созвездие. Это прохождение длится около месяца, и дату его начала и конца легко установить (см. ниже).

Западная астрология зародилась в Северном полушарии, где вхождение Солнца в созвездие Овна знаменует наступление весеннего равноденствия, это ежегодное событие известно еще как первый день весны. Для тех, кому привычнее цикличность природных процессов, чем любой из придуманных человеком календарей, совершенно очевидно, что именно с этого момента начинается новый год. Длительность прибывающего дня достигает продолжительности убывающей ночи, и природа начинает возрождаться после зимнего сна. Вот почему зодиак традиционно начинается с созвездия Овна.

Даты вхождения Солнца в знаки зодиака и выхода из них

Символ	Знак зодиака	Даты
♈	Овен	20 марта — 19 апреля
♉	Телец	20 апреля — 20 мая
♊	Близнецы	21 мая — 20 июня
♋	Рак	21 июня — 22 июля
♌	Лев	23 июля — 22 августа
♍	Дева	23 августа — 22 сентября
♎	Весы	23 сентября — 22 октября
♏	Скорпион	23 октября — 21 ноября
♐	Стрелец	22 ноября — 21 декабря
♑	Козерог	22 декабря — 19 января
♒	Водолей	20 января — 18 февраля
♓	Рыбы	19 февраля — 19 марта

Солнце является очень важным фактором в толковании любого гороскопа, однако еще большую роль играет его положение относительно других объектов.

Ваши эстетические принципы

Солнце — самое крупное тело в Солнечной системе — имеет важное значение для понимания натальной карты. С точки зрения астрологии Солнце предопределяет врожденные особенности вашего характера, те его черты, которые составляют основу вашего «я». Таким образом, оно играет ключевую роль в формировании вашего отношения к домашнему окружению и к жизни вообще. Знак зодиака — это прежде всего показатель ваших вкусов, предпочтений, пристрастий и предубеждений. Именно он главенствует, когда дело касается дизайна.

Возможные варианты

Однако в жизни оценка каждого человека только по его знаку зодиака сродни классификации людей по их национальной принадлежности. Например, можно подумать, что все Скорпионы скрытны, все Близнецы общительны, а все Овны бесстрашны. Такой подход не слишком отличается от бытующих представлений о том, что все французы романтики, все англичане сдержанны, а все австралийцы любят пиво. Подобные наблюдения могут быть недалеки от истины, однако в рамках этой схемы возможны существенные различия.

Так что хотя задача этой книги — проиллюстрировать основные принципы дизайна применительно к каждому знаку зодиака, не удивляйтесь, обнаружив в ней ряд индивидуальных вариантов. Например, Венера довольно тесно связана с тем, что касается вкуса и стиля, и способна в значительной степени изменить влияние знака зодиака. Мы всегда видим ее недалеко от Солнца, но она может отстоять от него на два знака. Так, выражение «Солнце в Деве» может подразумевать, что Венера тоже в Деве, но с тем же успехом она может быть в Раке, Льве, Весах или Скорпионе. В таких случаях, хотя Солнце и сохраняет доминирующее положение, его влияние будет ослаблено этой дополнительной силой.

Другие важные факторы

Наконец, в создании полной картины активно участвуют и другие факторы, такие, как три качества и 12 астрологических домов (см. с. 13). Из них Четвертый дом особенно тесно связан с вопросами обустройства дома и семейными делами. Пятый дом отождествляется с творчеством и часто оказывает особое влияние на эстетические предпочтения. Далее взаимодействие планет зависит от аспекта — положения планет относительно друг друга в момент вашего рождения, и это способно еще больше изменить складывающуюся картину.

Три качества

Двенадцать знаков зодиака распределяют по четырем группам в соответствии с четырьмя стихиями (первоэлементами), каждая из которых включает три знака. Эти три знака классифицируют дальше в соответствии с качеством. Один знак называется основным, один — неподвижным и один — изменчивым. Таким образом, в каждом качестве содержится по одному знаку из каждой стихии.

Качество	Знаки зодиака	Описание
Основные	Овен, Рак, Весы, Козерог	Отличаются активностью и предприимчивостью. Известны своими лидерскими способностями, которые, правда, иногда проявляются на удивление слабо.
Неподвижные	Телец, Лев, Скорпион, Водолей	Известные как организационное звено зодиака, подвижные знаки обычно упрямы, постоянны, стойки и способны к сильным чувствам. Это хорошие исполнители, они испытывают явную неприязнь к неожиданным переменам.
Изменчивые	Близнецы, Дева, Стрелец, Рыбы	Известные как связующие звенья зодиака, эти изменчивые знаки разносторонни, гибки и легко приспосабливаются к новым условиям. Большие любители пообщаться.

12 астрологических домов

Первый дом — Характеризует ваши внешние данные и проявления личности, взаимоотношения с окружением, первое впечатление, производимое вами на других людей.

Второй дом — Является показателем ваших способностей в сфере финансов и отношения к материальному миру вообще. Отражают ваши главные ценности и то, что дает вам ощущение безопасности.

Третий дом — Управляет общением, рациональным мышлением, логикой и интеллектом. Контролирует устную и письменную речь, способность к обучению, ваше близкое окружение и кратковременные путешествия на небольшом удалении от дома.

Четвертый дом — Связан с вашими глубинными эмоциональными сферами и домашним очагом, с семейной и личной жизнью. Особенно обстоятельно рассматриваются отношения с родителями и значение материнского влияния.

Пятый дом — Управляет романтическими отношениями и такими сторонами жизни, как отдых, праздники, развлечения, дети, домашние животные, спорт. Является показателем способности к творчеству и всего того, чем вы занимаетесь исключительно ради удовольствия. Имеет отношение к рискованным предприятиям, спекуляциям и азартным играм.

Шестой дом — Говорит о вашем здоровье, работе и отношении к помощи другим. Также показывает ваши повседневные заботы и постоянные обязанности.

Седьмой дом — Дом брака, партнерства и всех близких взаимоотношений «один на один». Следовательно, он включает также соперников, противников и врагов.

Восьмой дом — Говорит о ваших интересах к денежным делам, а также о ценностях и возможностях других людей. Если смотреть глубже, этот дом управляет рождением, смертью и разнообразными изменениями. Это дом сексуальных отношений и самых таинственных сторон жизни.

Девятый дом — Этот дом показывает ваши религиозные и философские убеждения. Связан с дополнительным и высшим образованием, свободой, большим жизненным опытом и длительными путешествиями.

Десятый дом — Связан с профессиональными занятиями, целями, амбициями и призванием в жизни. Показывает цели, к которым вы стремитесь, потребность в признании и значение отцовского влияния.

Одиннадцатый дом — Говорит о ваших друзьях, о том, чего вы надеетесь добиться в личной жизни, о круге общения, который вы для себя выбрали.

Двенадцатый дом — Правит подсознанием, теми личностными чертами, о которых вы можете и не подозревать, вашими сновидениями и интуицией. Этот дом контролирует стремление к уединению, эскапизму и вообще всем, что связано с психикой.

Ваши эстетические принципы

Астрология и цвет

Астрология и цвет тесно связаны. Астрологическая традиция издавна ассоциировала каждый знак зодиака с определенным цветом. Поначалу эти ассоциации могут показаться случайными, однако они станут более понятными, когда вы узнаете о принятом в астрологии распределении двенадцати знаков зодиака по группам в соответствии с четырьмя стихиями — огонь, земля, воздух и вода. Эти группы основаны на личностных характеристиках, общих для трех знаков в рамках каждой группы. После того как вы поймете это, вам будет легче запомнить цветовые ассоциации, принятые для каждого знака. Затем, когда вы оцените способность четырех стихий образовывать гармоничные сочетания, вы сможете предложить и свои собственные идеи по комбинированию первоэлементов.

Знакомство с цветом

Давно известно, как велико влияние цвета на чувства и настроение людей. Большинство из нас знает, насколько разным бывает наше самочувствие, когда, проснувшись, мы видим свинцово-серое небо или яркое солнце. Жители стран с умеренным климатом испытали на себе, как смена времен года и сопутствующей цветовой гаммы влияет на эмоциональное и психологическое самочувствие. Вспомните, насколько разные настроения и чувства вызывают приглушенные акварельные краски зимы, насыщенные, яркие цвета осени, глянцевая зелень весны и выцветшие на солнце коричневатые и желтые тона середины лета.

Правила выбора цвета

Уяснив роль цвета в своей жизни, вы сможете заняться цветотерапией в своем непосредственном окружении. Правила просты и легко применимы. Например, оттенки красного цвета согревают, а синего — создают ощущение прохлады. Некоторые оттенки зеленого способствуют расслаблению, а белый цвет зрительно расширяет пространство и придает ясность мышлению. Пурпурные тона соответствуют роскошной обстановке и основательности, а желтый цвет — более непринужденной и неформальной атмосфере. Одни цветовые тона могут сделать нас более привлекательными, другие — выставить в неприглядном свете.

    Цвет окружает нас со всех сторон, но правильное использование его в интерьере особенно важно. Грамотное цветовое решение сразу позволит увидеть разницу между домом, где царят уют и покой, и домом, где всегда ощущаются напряженность и тревога.

Астрология и цвет

У многих из вас наверняка уже сложились определенные цветовые предпочтения, но с точки зрения астрологии некоторые цвета в большей мере связаны с вашим знаком зодиака. Независимо от того, входили они или нет в предпочитаемую вами палитру в прошлом, продуманное использование их в доме поможет создать идеальную в цветовом отношении среду обитания. В конечном счете вы будете чувствовать себя сильнее и увереннее, ваша жизнь станет более комфортной, вы обретете ощущение гармонии с окружающим миром.

Расширяем цветовую гамму

Совершенно очевидно, что в некоторых ситуациях необходимо использовать несколько цветов. Некоторым знакам зодиака повезло: у них есть из чего выбирать. Другие знаки могут решить проблему иначе: имея представление о взаимодействии четырех стихий астрологии, можно подобрать богатую цветовую гамму — функциональную и гармоничную как с эстетической, так и с эзотерической точки зрения.

Не очень трудно догадаться, какие еще цвета могут вам подойти. Астрологические стихии — огонь, земля, воздух и вода — правят тремя знаками зодиака каждая. Как правило, знаки одной стихии прекрасно «уживаются» друг с другом. Огонь хорошо сочетается с воздухом, ведь воздух раздувает огонь, а огонь, в свою очередь, вызывает движение воздуха. Земля и вода также дополняют друг друга: вода делает землю плодородной, а земля удерживает воду в определенных границах.

Таким образом, выбирая цветовое решение интерьера, вы можете использовать дополнительные цвета, относящиеся к той же стихии или к стихии, совместимой с вашей.

Знаки огня

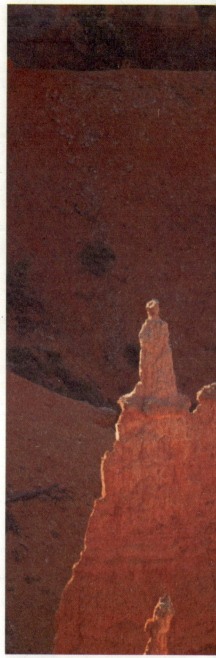

Общие черты
Все представители знаков огня — активные, полные энтузиазма, позитивно настроенные и уверенные в себе личности, которые получают от жизни огромное удовольствие. Их нелегко вывести из равновесия или привести в уныние, они энергично борются за свое место в жизни. Добиваясь реализации своих идей, они на практике демонстрируют свой творческий потенциал.

Сопутствующие цвета
Знаки огня ассоциируются с разными его оттенками. Овен, вероятно, ближе всего к центру этого спектра, ему сродни все оттенки красного. Малиновый, кирпично-красный, пунцовый, кроваво-красный и алый — все эти тона находятся под его покровительством.

Лев ассоциируется с солнечными красками, особенно близки ему такие цвета, как янтарный, желто-коричневый, золотой, оранжевый, мандариново-оранжевый и темные оттенки желтого.

Стрельцом правит Юпитер, поэтому ему свойственно пристрастие к более роскошным оттенкам синей части спектра. Его цвета — это индиго, темно-бордовый, пурпурный и фиолетовый.

Сочетание с другими стихиями
В действительности редко кому удается жить в идеальной домашней обстановке и общаться исключительно с представителями своей стихии. Для многих знаков такая ситуация далека от комфортной, однако некоторые различия между знаками могут расширить ваши возможности при условии, что у вас есть представление об общих критериях, которыми придется руководствоваться.

Земля
Несмотря на сходство некоторых красок, характерных для земли и огня, представителям стихии огня следует быть осторожными и не слишком увлекаться «земляным» спектром, который может ослабить или заглушить их цвета.

Воздух
Краски огня и воздуха связаны тесными узами. Это может иметь особенно важное значение, когда дело касается гармонизации совместной жизни. Хотя знаки огня хорошо уживаются друг с другом, тем не менее они только выиграют от привнесения стихии воздуха и смогут обогатить цветовую гамму за счет характерных воздушных тонов. Близнецы принадлежат к стихии воздуха и ассоциируются с бледными оттенками желтого цвета. Весами тоже правит воздушная стихия, им импонирует большинство оттенков синего цвета, начиная с тех, которые граничат с более темными тонами, находящимися под властью Стрельца. Характеры, управляемые огнем и воздухом, совместимы друг с другом, поскольку без воздуха огонь гаснет.

Вода
Огонь и вода в большинстве случаев — плохое соседство. Прямолинейность и природный энтузиазм огня в конце концов гаснут под напором излишней чувствительности, свойственной воде. С другой стороны, эфирная легкость водной стихии без борьбы уступает напыщенному огню. К счастью, использование интенсивных синих, темно-бордового, индиго и пурпурного тонов в декоративных целях позволяет прийти к эстетическому компромиссу.

Три знака огня

Овен ♈

Лев ♌

Стрелец ♐

ВВЕРХУ. Поражающие воображение ландшафты напоминают о том, какую важную роль играл огонь в бурном прошлом Земли. Невозможно не заметить близкое родство красок земли и огня.

СЛЕВА. Знаки огня ассоциируются со всеми оттенками красного цвета — от алого и ярко-красного до малинового и пунцового. В соответствующем контексте красные тона могут выглядеть очень эффектно.

Знаки земли

Общие черты
Всем представителям этих знаков свойственна практичность, они осторожны и последовательны. В большинстве своем это консерваторы со сдержанными вкусами и пристрастиями. Они высоко ценят долговечность, материальный достаток и предпочитают качество, прочность и искусную работу как в отношении своих личных вещей, так и в том, что касается окружающей обстановки. Знаки земли не склонны к импульсивным решениям, они идут к своей цели медленно и последовательно.

Сопутствующие цвета
Оптимальные цвета для представителей стихии земли — те, которые выражают физическую сущность природы. Самым широким спектром обладает Телец, так как покровительствующая ему Венера особенно тесно связана с понятием красоты и цветом во всех его формах. Тельцу подходит большинство пастельных тонов, особенно светло-голубой, бледно-розовый и светло-зеленый — основные оттенки, встречающиеся в окраске множества цветковых растений и в природных ландшафтах. Очевидна близость этих тонов к краскам огня, воздуха и воды, что иллюстрирует гармоничное сосуществование всех четырех стихий в природе.

Дева и Козерог связаны с более дальней частью спектра, ассоциируемого со стихией земли. Дева покровительствует приглушенным тонам синего, зеленого и желтого цветов. Особенно близки этому знаку неяркие, нейтральные оттенки — серый, бежевый и грязно-белый, а также коричневый цвет. Козерог имеет еще больше родства с красками земли. Один из наиболее величественных, сдержанных и консервативных знаков зодиака — Козерог традиционно ассоциируется с темно-коричневыми, темно-зелеными, темно-серыми и черными тонами.

Сочетание с другими стихиями
Представители земной стихии наиболее совместимы с рожденными под тем же знаком и другими знаками земли. Однако это не исключает возможности самых разных союзов. Принимая решение относительно оформления интерьера, в каждом конкретном случае необходимо искать и находить компромисс.

Огонь и воздух
Краски земли особенно тесно связаны с красками воздуха и огня. Коричневые тона земли незаметно переходят в желто-коричневый оттенок огня, часто встречающийся в полупустынях. В свою очередь черный цвет, характерный для Козерога, постепенно бледнеет и превращается в цвет электрик, свойственный Водолею.

Вода
Самыми подходящими партнерами для знаков земли за пределами их стихии являются знаки из тройки, представляющей водную стихию. Для земли благоприятно влияние воды — без нее земля бесплодна. Поэтому умеренное включение водянистых тонов в гамму земляных красок нисколько не испортит общую картину.

Три знака земли

Телец ♉

Дева ♍

Козерог ♑

ВВЕРХУ. Коричневые и темно-зеленые краски леса — типичные тона земли.

СЛЕВА. Натуральное дерево согревает, утешает и успокаивает тех, кто находится под влиянием стихии земли.

Знаки земли

Знаки воздуха

Общие черты
Родившимся под этим знаком свойствен хладнокровный и рациональный подход к жизни. Они не склонны к бурному проявлению чувств и способны на это только в исключительных обстоятельствах. Знаки воздуха обладают деятельным интеллектом, часто общительны и легко устанавливают контакты. В основе их дизайнерских решений лежит логика и рассудок. Особенно привлекательны для них разные виды интеллектуальной деятельности.

Сопутствующие цвета
Поскольку воздух прозрачен, знаки воздуха наиболее тесно связаны с красками неба. Промежуточные оттенки синего ассоциируются с Весами. Темные тона свойственны Стрельцу, а светлые — Тельцу, который покровительствует почти всем тонам, находящимся в этом интервале. Связь Весов с Тельцом подчеркивается их ассоциацией с розовыми и светло-зелеными оттенками. Телец и Весы находятся под покровительством Венеры, чем и объясняется их сходство.

Оттенок синего цвета электрик принадлежит Водолею, подчеркивая удивительный и пугающий характер этого знака. Цветовые ассоциации стихии воздуха расширяет Водолей, связанный с бирюзовым оттенком, постепенно переходящим в черный цвет. Представьте себя на месте астронавта — и вы увидите, как меняются краски небосвода, когда космический корабль выходит через верхние слои земной атмосферы в черноту космоса, — таков спектр Водолея. Близнецы развивают небесную тему, покровительствуя светло-желтым тонам, свойственным Солнцу.

Сочетание с другими стихиями
Знаки воздуха отлично ладят друг с другом, поскольку у них общие вкусы: все они очень общительны и любят поболтать. А их рационализм могут смягчить и оживить другие стихии.

Огонь
Знаки воздуха оживают от присутствия огня, поскольку его тепло способствует циркуляции воздуха. Поэтому огонь и воздух — хорошие партнеры.

Земля и вода
Земля и вода плохо сочетаются со стихией воздуха. Несмотря на связь цветовых гамм Весов и Тельца, а также Водолея и Козерога, с течением времени обилие земли покажется людям воздуха скучным и отупляющим. Между воздухом и водой возможна взаимная симпатия, обусловленная близостью индивидуальных гороскопов, однако в общем это сочетание также нежелательно.

Три знака воздуха

Близнецы ♊

Весы ♎

Водолей ♒

ВВЕРХУ. Природа часто демонстрирует сочетание первоэлементов, кажущихся несовместимыми, находя для них абсолютно верные пропорции. В этом потрясающем по красоте ландшафте идеально слились огонь, земля, воздух и вода.

СЛЕВА. Тем, кто родился под покровительством стихии воздуха, необходимо обилие света и свободного пространства. Многие предпочитают жить в переоборудованных чердачных помещениях, с высоты которых открывается великолепный вид на урбанистический пейзаж.

Знаки воды

Общие черты

Знаки воды связывает сила эмоциональных реакций. Они отличаются активной внутренней жизнью, хорошо развитой интуицией, исключительной восприимчивостью. В них отражается все, как в самой воде: они способны впитывать и неблагоприятные воздействия окружающей среды, и тревоги и страхи других людей. Всем знакам воды время от времени необходимо уединение, чтобы восполнить щедро растрачиваемые эмоциональные резервы.

Сопутствующие цвета

Цветовая гамма, ассоциируемая с водой, — это преимущественно краски моря. Все они очень уместны, кроме самых светлых, самых темных и самых приглушенных оттенков зеленого цвета. Исключением является Скорпион, чьи давние связи с Марсом обусловливают его близость к насыщенным красным, темно-бордовым и коричневым тонам. В связи с морской темой любопытно отметить, что многие виды водорослей также имеют красную или коричневую окраску, с которой связана их научная классификация. Остальные водоросли обычного, зеленого цвета.

Рыбы подхватывают цветовую гамму в той части спектра, где кончается влияние Скорпиона, и покровительствуют сиреневым и розовато-лиловым тонам, а также более подходящему цвету морской волны. Серебристые и дымчатые оттенки находятся под влиянием Рака, поскольку этому знаку благоволит Луна.

Сочетание с другими стихиями

Классическое сочетание — это вода с водой и вода с землей, однако не исключены и сочетания воды с воздухом и даже с огнем. Однако в этих случаях труднее создать благоприятную и удовлетворяющую обе стороны среду проживания.

Огонь

Огонь и вода сочетаются плохо. Мостик между ними перекидывает Скорпион, который вводит в палитру характерные насыщенные темно-красные и коричневые тона. Возможно, используя цветовую гамму Скорпиона, вам удастся создать вполне гармоничный союз.

Земля

Вода хорошо сочетается с землей, поскольку земля держит в определенных рамках размытую, аморфную сущность воды, придавая ей структуру и форму. Можно безбоязненно вводить в цветовую гамму элементы земляной палитры, что доказывает близость Скорпиона с коричневыми тонами.

Воздух

Несмотря на очевидную гармонию между зелеными оттенками воды и синевой воздуха, излишняя холодность людей воздуха и пристрастие их к открытым пространствам вряд ли устроит более мягких, чувствительных и склонных к уединению представителей стихии воды.

Три знака воды

Рак ♋

Скорпион ♏

Рыбы ♓

ВВЕРХУ. Пологий морской берег образует линию раздела между землей и морем. Море выносит на берег свои дары, а земля дает воде так необходимые ей границы.

СЛЕВА. Ванная комната для многих рожденных под знаком воды — это помещение, где они могут полностью расслабиться. Ванна предпочтительнее душа: она обеспечивает более продолжительный контакт с водной средой.

Знаки зодиака

Каждый знак имеет ряд родственных элементов в природе и ассоциируется с разными выразительными средствами, стилями, цветовой гаммой, материалами и текстурами. В этой главе вы узнаете о том, как выбрать такой подход к устройству дома, который был бы оптимальным для вашего знака зодиака. Здесь вы встретите массу вдохновляющих идей и советы специалистов, которые помогут вам создать идеальную обстановку. Имейте в виду, что в каждом индивидуальном гороскопе всегда присутствуют едва уловимые разночтения. Воспринимайте все изложенное в книге только как рекомендации, которые вы можете изменить и дополнить в соответствии с собственными вкусами и желаниями.

Овен
20 марта — 19 апреля

Приоритеты: действие, инициатива, напористость, скорость, стремление к первенству.

Типичный Овен

Овен — первое созвездие зодиака, его символ — баран. По времени появления оно совпадает с первым днем весны в Северном полушарии. Его планета-покровитель — Марс. Традиционно Овен ассоциируется с новыми начинаниями, а в физиологическом отношении — с головой. По характеру люди, родившиеся под этим знаком, активны, отважны, обладают позитивным настроем. Они упрямы и любят быть первыми в самых разных областях, неосознанно устремляясь туда, куда другие боятся ступить. Овны встречают в штыки любые ограничения свободы действия и предпочитают занятия, в которых есть где развернуться. Этот знак отличается щедростью и великодушием, хотя часто ему приписывают и такие качества, как эгоизм и самовлюбленность.

Дом Овна

Овны должны быть постоянно заняты, поэтому в их доме всегда кипит работа. Однако оформление интерьеров не всегда занимает столь заметное место в списке их приоритетов, как им, возможно, хотелось бы. Всегда находится так много других дел, так много мест, куда нужно успеть, и так много людей, с которыми необходимо увидеться, что устройство дома отодвигается в конец общего списка жизненных целей. Овны — большие любители начинать новые дела, но далеко не всегда они проявляют настойчивость в доведении их до конца. Предпочитая грандиозные проекты реконструкции декоративному переоформлению дома, Овен теряет интерес к работе вскоре после завершения начального, самого трудного этапа. Поэтому обустройство дома типичного Овна нуждается в тщательном предварительном планировании.

Знак огня

Овен — знак огня и, следовательно, его представители инициативны и энергичны. Они ведут активный образ жизни, поэтому в их доме должно быть просторно. Привычка начинать дела, а затем бросать

Типичные черты
Благоприятные
Инициативный • предприимчивый • любящий риск • смелый • прямой • полный энтузиазма • активный • независимый

Менее благоприятные
Нетерпеливый • импульсивный • агрессивный • самовлюбленный • невнимательный к другим • эгоистичный • вспыльчивый • безрассудный

Ассоциации

Символ Баран
Планета-покровитель Марс
День недели Вторник
Счастливые цвета Все оттенки красного
Счастливое число Девять
Камень Рубин и гранат
Металл Железо и сталь
Цветы Алоэ, кактус, перец чили, чеснок, герань, имбирь, падуб и жимолость
Деревья и кустарники Все деревья и кустарники с шипами и колючками
Страны и регионы Англия, Германия, Израиль, Литва, Палестина, Польша и Сирия
Города Бирмингем (Великобритания), Флоренция, Краков, Лестер, Марсель, Неаполь и Утрехт
Лучшие партнеры Лев, Весы, Стрелец и часто Козерог
Худшие партнеры Рак

Десять ключевых факторов
Восток
инструменты
камины
красный
крыши
металлическая утварь
металлы
пламенеющие тона
диссонирующие цвета
пряности

Металлы   Пряности

их на полпути нередко приводит к удручающему скоплению заготовок для незаконченных проектов, с которыми в конце концов придется что-то делать. Поэтому необходимо находить время для наведения порядка. Уборка может показаться скучным занятием и пустой тратой времени, однако она избавит вас от ощущения тесноты и ограниченности пространства. Основательная генеральная уборка оказывает позитивное психологическое воздействие, а выбрасывание старых, ненужных вещей доставляет даже некоторое удовольствие.

ВВЕРХУ. Типичный Овен чувствует себя легко и непринужденно в помещении, где преобладают четкие строгие линии и современная обстановка. Яркие пятна красных тонов смягчены белым фоном, деревянный пол объединяет все элементы в единое целое.

Красный

Камины

Металлическая утварь

Дом Овна: из комнаты в комнату

Вход в дом

Вход в дом Овна нередко выглядит не очень опрятно, так как обладатель этого знака всегда слишком занят. Он торопливо вбегает и выбегает из дома и у него просто нет времени на то, чтобы заботиться о таких мелочах. Однако есть одна очень важная вещь: в доме должна быть прочная входная дверь, которая могла бы выдержать грубое обращение — громкое хлопанье, удары и царапины, ведь Овен часто вносит в дом и выносит из него самые неожиданные вещи. Вероятно, наиболее подходящий материал для двери — традиционное дерево, а не такие материалы, как, например, стекло, которое легко разбить.

Идеальный цвет для входной двери в дом Овна — смелый, ярко-красный. Блестящее глянцевое покрытие больше соответствует его жизнерадостному характеру, чем матовое. Подойдут почти все оттенки красного, в общем, чем ярче, тем лучше. Латунная фурнитура, в частности дверное кольцо, довершит эффектное оформление.

ВВЕРХУ. Прочная ярко-красная входная дверь — это то, что необходимо Овну. Дверное кольцо, ручка и почтовый ящик из латуни дополняют это смелое решение.

Жилые помещения

Овны известны своей привычкой браться за различные проекты и терять к ним интерес на полпути. Представители обоего пола любят заниматься хозяйственными делами, рукоделием, ремонтом и так далее. Многие питают пристрастие к инструментам и сложной бытовой технике. В любом случае по мере перехода от одного незаконченного проекта к другому в доме воцаряется беспорядок.

Следовательно, при организации жилой зоны в доме Овна основное внимание следует уделить пространственным аспектам. Чистые угловатые линии и отсутствие хаоса — многообещающее начало. Красным цветом в помещении следует пользоваться умеренно, но он может присутствовать в качестве матовой отделки больших, ровно окрашенных поверхностей, например стен, которые можно сначала оклеить обоями или сразу покрасить. Можно использовать постепенный переход тонов от темных к светлым, что создает ощущение глубины и простора, а дозированное введение белого цвета поможет избежать перегруженности.

Полы

Здесь самое главное — простота в поддержании чистоты и сохранности, поэтому хорошим вариантом является и ламинат, и пластик, и даже крашеная половая доска. Уместна также керамическая плитка, она может быть терракотовой, белой или светлых, без рисунка, тонов. Хорошо смотрятся яркие декоративные коврики, а если используется ковровое покрытие, оно должно быть однотонным, нейтрального цвета.

Освещение

В доме Овна предпочтительны встроенные источники света в современном стиле. Никаких ярких огней и флюоресцентных ламп, только точечные светильники и модные настенные бра. Окна должны пропускать дневной свет: вместо трудоемких в уходе и старомодных гардин используются яркие ставни, рулонные шторы и разнообразные жалюзи.

Ткани и обои

Рекомендуются ткани с гладкой текстурой, такие, как шелк, а также более простые и функциональные, например хлопок и лен. В интерьере Овна неуместны крупные рельефные рисунки, они противоречат атмосфере простора и простоты, которую вам хотелось бы сохранить. Овчина особенно близка Овну-барану, но сейчас ее прекрасно заменяют современные искусственные ткани с начесом.

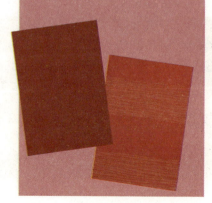

Кухня

Считается, что Овен ест, чтобы жить, а не наоборот. Поэтому вряд ли кухня будет самым обитаемым местом его дома. Скорее всего жизнь здесь будет кипеть только ближе ко времени приема пищи, а не целый день. Совершенно необходимы бытовые приборы и приспособления, облегчающие труд, ведь у Овна так много более интересных дел, чем мытье посуды. Следовательно, в списке необходимых вещей обязательно должны быть посудомоечная машина, микроволновая печь и морозильная камера с запасом замороженных готовых блюд.

Знаку Овна особенно близки железо, сталь и вообще различные металлы, поэтому особенно привлекательно в его кухне будут выглядеть предметы из нержавеющей стали. Лучше, если крупные предметы, такие, как мойка, сушка для посуды, плита, а также часть стены над мойкой и столешницы, будут изготовлены из матовой стали, чтобы чрезмерный блеск не слепил глаза.

Кухонные специи также находятся под покровительством Овна, поэтому баночки с пряностями будут прекрасным дополнением к интерьеру. Они могут храниться на стеклянных или металлических полках, где их современные формы хорошо впишутся в общую картину. Барная стойка с хромированными табуретами хорошо подходит для вечно спешащих обитателей дома, у которых нет времени рассиживаться за едой.

ВВЕРХУ. Идеальная кухня в доме Овна — строгая, современная, с плитой из нержавеющей стали и выложенным плиткой полом. Барная стойка — оптимальное решение для активного образа жизни, который ведут Овны.

Спальня

Будучи первым знаком зодиака, который в физиологическом отношении ассоциируется с головой, Овен тесно связан с верхней частью дома, с дымоходами и крышей. В здании, где больше одного этажа, Овнам рекомендуется спать наверху; возможно, оптимальным вариантом будет переоборудованный чердак. Если дом одноэтажный, родившимся под этим знаком лучше спать достаточно высоко над полом. Молодым и спортивным Овнам, вероятно, понравится кровать в виде откидной полки, на которую можно взобраться по лестнице: это вполне отвечает присущему Овнам духу первооткрывателя. Другие просто предпочтут кровать с более высоким, чем обычно, каркасом и объемистым ящиком внизу для хранения одежды.

В спальне необходимы вместительные шкафы: они помогут вам навести порядок в своих вещах. Полезным элементом интерьера будет стоячая вешалка для шляп, поскольку этот знак питает пристрастие к головным уборам. Умеренное использование красного цвета в спальне придаст ее атмосфере некоторую долю страстности, а интерьер в более темных тонах будет располагать к отдыху.

ВВЕРХУ. Поскольку Овен любит спать высоко над землей, такая парящая в воздухе кровать вполне уместна в его спальне. Эта конструкция удобна и как место хранения ненужных вещей.

Ванная

Овен не тот знак, который проводит целые часы в ванной комнате, — у него и так много дел. Душ предпочтительнее ванны в силу своей практичности, по той же причине более уместны электрическая бритва и электрические зубные щетки. С другой стороны, долгое «лежание» в ванне поможет уставшему Овну расслабиться после дня, полного забот и трудов. Ванна принесет больше пользы, если добавить в воду несколько капель душистого масла и зажечь свечи, пламя которых и успокаивает, и подчеркивает вашу принадлежность к стихии огня.

Облицовка стен и пола плиткой облегчает наведение чистоты. Часто используемая в ванных керамическая плитка розовых тонов вряд ли понравится вам в качестве заменителя красного цвета. Поэтому более удачным решением будут доминирующий белый цвет и редкие яркие пятна. Если позволяет освещение, в ванной будут прекрасно чувствовать себя два растения, близкие Овну, — кактус и алоэ. Чтобы было на чем остановить взгляд, украсьте интерьер оригинальными образцами резьбы по дереву или художественной работы по металлу.

Предметы искусства и украшения

Овен ассоциируется с острыми режущими инструментами, резьбой по дереву, художественной работой по металлу и сваркой. В вашем доме будут уместны несколько хороших деревянных резных изделий или одна-две скульптуры из металла. Любимый металл Овна — железо, поэтому любое кованое изделие прекрасно дополнит интерьер. Сейчас, правда, ковку вполне допустимо заменять сталью.

Декоративные растения

Под покровительством Овна находятся все растения с шипами и колючками. Характеру Овна соответствуют кактусы и суккуленты, родиной которых являются жаркие, засушливые районы. Уместны любые виды кактусов, алоэ, агавы или сансевьеры. Их угловатые формы дополняют и подчеркивают строгие современные линии интерьера. Творческий, но непременно минималистский подход к использованию растений в интерьере позволяет добиться интересных эффектов, особенно в сочетании с камнем или гравием.

ВВЕРХУ. Ванная комната Овна не должна создавать трудности при уборке, не следует загромождать ее лишними вещами. Эффектный представитель растительного мира, например это драконово дерево, подчеркивает угловатые линии и четко выраженный современный стиль.

Дом Овна: из комнаты в комнату

Дом Овна: из комнаты в комнату

ВВЕРХУ. Несмотря на жизнерадостный и общительный характер, Овну хочется иметь место, где можно уединиться и с удовольствием отдаться своему хобби.

Дополнительная комната

Учитывая интерес многих представителей знака Овна к ручному труду, инструментам и разного рода бытовой технике, дополнительная комната, расположенная в некотором отдалении от остальных помещений, будет очень кстати для хобби. Для мужчин-Овнов на эту роль превосходно подходит обычный садовый сарай, где можно установить верстак и провести в спокойствии часок-другой, отвлекшись от повседневных забот. Вам доставит удовольствие уход за бытовой и садовой техникой, поскольку ваш знак особенно расположен к разным механизмам и приспособлениям. Возня со сломанными вещами, стремление починить их и вернуть в рабочее состояние как нельзя лучше подхлестнёт ваше желание испытать себя. Если использовать сарай по каким-либо причинам невозможно, тот же эффект вы получите, проведя несколько часов за ремонтом машины в гараже, под навесом или просто во дворе. Разумеется, подобные занятия не являются исключительно прерогативой мужчин.

К традиционным женским увлечениям можно отнести любые виды искусства или ремёсел. В этом случае идеально подойдёт комната в доме, где вам никто не помешает и где необязательно следить за чистотой и порядком.

Сочетание с другими знаками

Другие Овны
Здесь энергия бьет через край, и если вы оба заняты делом, то прекрасно поладите. Трения могут возникнуть между тем, кто принимает решение по дизайну, и тем, кому приходится заканчивать работу, но энергия планеты Марс, покровительствующей Овну, находит выход в работах, которые вы делаете своими руками.

Телец
Тельцы бывают слишком традиционными в своих вкусах, их не очень просто чем-то заинтересовать. Однако пересекающиеся аспекты между Венерой и Меркурием помогают принять сходные дизайнерские решения. При вашей смелости, необходимой для любого начинания, и упорстве Тельца, которое потребуется для завершения начатого, дело пойдет на лад.

Близнецы
Дополняющая пара. Овен по достоинству ценит широту, размах и изобилие дизайнерских идей Близнецов. Близнецы же счастливы, что рядом есть кто-то, так близко воспринимающий их идеи и готовый воплощать их в жизнь. Возможно, придется проявить настойчивость, чтобы добиться завершения начатого.

Рак
Сентиментальный Рак склонен к ностальгии, традиционности, обожает антиквариат и вообще всякую старину. Динамичный Овен стремится вперед, предпочитая остросовременные идеи в дизайне и новейшие материалы. Поскольку Овен умело обращается с инструментами, его помощь Раку в реставрации каких-либо ценных фамильных реликвий будет способствовать достижению компромисса.

Лев
Прекрасное сочетание, в котором оба знака изо всех сил бьются за свои предпочтения. Лев, не колеблясь, высказывает свои предложения, а Овен не стесняется возражать, если не согласен, и наоборот. Будучи знаками огня, они наверняка придут к удачному компромиссу.

Дева
Дева слишком консервативна для Овна, часто ее аккуратность и стремление к чистоте и порядку в доме граничат с фанатизмом. Привычка Овна повсюду оставлять недоделки вряд ли встретит понимание. Чтобы эти знаки смогли ужиться друг с другом, каждому потребуется свое, отдельное жизненное пространство.

Весы
Овен и Весы — хорошее сочетание. Овен будет принимать решения, а Весы — заботиться о завершающих штрихах и о том, чтобы в конце дня все выглядело красиво и аккуратно. Временами Весы могут проявлять некоторую нерешительность, поэтому по достоинству оценят уверенность Овна.

Скорпион
Напряженная комбинация. Овен — слишком шумный и яркий партнер для сдержанного и задумчивого Скорпиона. Скорпион предпочитает жить уединенно, а Овен хочет быть все время на виду. Правда, оба знака любят красный цвет — может быть, они сойдутся, по крайней мере, в вопросах цветовой гаммы.

Стрелец
Оба знака активны и полны энтузиазма, и, если они объединятся, этот союз наверняка зажжет искру творчества. Овен будет подталкивать Стрельца к претворению совместных идей в жизнь. Стрелец же будет поощрять Овна к расширению кругозора. Оба знака любят открытый огонь.

Козерог
Считается, что эти два знака не должны симпатизировать друг другу, однако в жизни часто все оказывается не так. Козерог восхищается предприимчивостью Овна, а Овен — увлеченностью, настойчивостью и выдержкой Козерога. Немного взаимопонимания — и они придут к великолепным декоративным решениям.

Водолей
Это сочетание бывает удачным. Овен любит во всем быть первым, а Водолей зачастую далеко опережает свое время. Поэтому вдвоем они могут экспериментировать со всеми самыми последними тенденциями в области декора и новейшими материалами, при этом Овен начинает новые проекты, а Водолей доводит их до ума.

Рыбы
Довольно сложное сочетание. Представления Рыб о дизайне кажутся слишком легковесными и неземными Овну, который любит четкие строгие линии. Вся эта воздушность муслина и кисеи скорее всего вызовет у него только раздражение, хотя, может быть, он узнает кое-что новое о том, как лучше отдохнуть и расслабиться.

Телец
20 апреля – 20 мая

Приоритеты: безопасность, стабильность, комфорт, чувственность, материальное благополучие.

Типичный Телец

Телец принадлежит стихии земли и качеству неподвижности, поэтому теоретически вряд ли можно найти кого-либо более стабильного и надежного. Традиционно Тельца считают солидным, надежным и постоянным, сосредоточенным на материальной стороне жизни. В последние годы космические влияния несколько поколебали этот классический образ, заставив многих Тельцов действовать совершенно непредсказуемо, отбросив осторожность. Однако в глубине души они все равно стремятся к постоянству и надежности: любят свою устоявшуюся жизнь, ценят безопасность и особенно привычную еду. Каждый, кто захочет изменить мнение типичного представителя знака Тельца, должен быть готов к долгой борьбе. Что касается личных отношений, Тельцы чувственны, обладают обостренным тактильным чувством, любящие и ласковые. В то же время они могут быть невероятными ревнивцами и собственниками по отношению к тем, кого любят. Гнев Тельца медленно зреет, но когда наконец прорывается, бывает поистине ужасным.

Дом Тельца

Обычно Тельцы часто сильно привязаны к своему дому и вещам. Они считают их надежным и стоящим вложением средств в нашем нестабильном мире. На первом месте у Тельца стоят комфорт и безопасность, поэтому в доме царит атмосфера покоя и надежности, уюта и глубокого удовлетворения жизнью, все пронизано духом неторопливости, в котором чувствуешь себя вне времени.

С возрастом вкусы и предпочтения Тельцов не меняются. В большинстве своем они консервативны, привержены традиционности и, насколько позволяют финансы, тяготеют к шику и роскоши. Для них характерна любовь к дорогим диванам, огромным телевизорам, широченным кроватям, большим ванным и так далее.

Благодаря покровительству Венеры у большинства Тельцов прекрасно развито эстетическое чувство. Многие из них интересуются архитектурой и дизайном и хорошо представляют, каким образом максимально раскрыть потенциал своего жилища.

Типичные черты

Благоприятные
Практичный • терпеливый • надежный • настойчивый • ласковый • осторожный • решительный

Менее благоприятные
Собственник • ленивый • негибкий • упрямый • обидчивый • сибарит • скучный • жадный

Ассоциации

Символ Бык

Покровительствующая планета Венера

День недели Пятница

Счастливые цвета Светло-голубой, светло-зеленый, розовый и все пастельные оттенки

Счастливое число Шесть

Камень Изумруд и жадеит

Металл Латунь, бронза и медь

Цветы Маргаритки, наперстянка, лилии, маки, примулы, розы и фиалки

Деревья и кустарники Яблоня, ясень, кипарис, инжир и груша

Страны и регионы Капри, Кипр, острова Греции (особенно Родос), Ирландия, Швейцария и Тасмания

Города Дублин, Истборн, Гастингс, Лейпциг, Люцерн, Палермо и Сент-Луис

Лучшие партнеры Козерог, Дева и Скорпион

Худшие партнеры Водолей и Лев

Десять ключевых факторов

- безопасность
- еда
- имущество
- искусство
- ковры
- комфорт
- красота
- пастель
- северо-восток
- скульптура

Еда

Скульптура

Знак земли

Телец — знак зодиака, отличающийся особой сосредоточенностью на физической и материальной сторонах жизни. Принадлежит к стихии земли и, следовательно, проявляет пристрастие к природным материалам. Это чувственный и обладающий обостренным тактильным чувством знак, так что для него особенно важна текстура материала, подчеркивающая естественность интерьеров. Дом Тельца — свидетельство его пристрастия к комфорту и роскоши. Тельцы — прекрасные садовники, поэтому их дом выглядел бы нетипично без одного-двух декоративных растений. Часто с этим знаком ассоциируются лилии, но будьте осторожны: пыльца лилий оставляет пятна.

ВВЕРХУ. В роскошной, полной неги обстановке преобладают белый и кремовый тона. Мягкий диван, пушистая овечья шкура и ковровое покрытие на полу говорят о склонности Тельца предаваться удовольствиям и потакать своим слабостям.

Ковры

Комфорт

Безопасность

Дом Тельца: из комнаты в комнату

Вход в дом

Личная безопасность и безопасность дома — главная забота представителей знака Тельца. Однако покровительство Венеры указывает на тесную связь с понятиями красоты, дизайна и формы. Следовательно, Тельцам больше всего по душе красиво оформленный и надежно защищенный вход в дом. При этом прочная дверь — не преграда для гостей, их в доме всегда ждет радушный прием.

Прочная и надежная входная дверь из традиционного дуба или из твердой древесины какого-нибудь тропического дерева — именно то, что отвечает как эстетическому чувству Тельца, так и его стремлению к безопасности, уединению и неприкосновенности жилища. Будучи человеком практичным, он ценит долговечность и тепло деревянной двери, ее способность выдерживать капризы природы, Тельца восхищает искусная работа мастера. Дерево должно быть выкрашено в естественный цвет. Тельцы не пожалеют денег, если дело касается долгосрочного и выгодного вложения капитала.

ВВЕРХУ. Вход в дом Тельца обеспечивает полную безопасность. Декоративные кустарники и нависающий балкон выглядят привлекательно и при этом усиливают ощущение защищенности.

Жилые комнаты

Жилые помещения в доме Тельца устроены так, чтобы не нарушался покой его обитателей. Поэтому важнейшим элементом интерьера будет мягкая мебель. Огромный диван, купленный главным образом из соображений комфорта, но также и из-за привлекательного внешнего вида, занимает центральное место в комнате. Диван должен быть достаточно большим, чтобы на нем можно было вытянуться в полный рост.

Роскошная старая кожа напоминает о животных, особенно тесно связанных с этим знаком, — коровах и быках. Тельцам старшего возраста подходят обивочные ткани с флоральными мотивами, как нельзя лучше соответствующие их любви к садоводству. Однотонные белые канапе или небольшие диваны и корпусная мебель удовлетворят эстетическое чувство тех, кому ближе современный стиль.

Старую мебель Тельцы не выбрасывают, а подновляют, используя при этом покрывала с пышными складками из роскошных тканей — атласа, бархата и шенили. Тельцы отличаются чувственностью и просто обожают прикосновение мягкой ткани к коже. Их приоритет — все старое и привычное, и, если мебель все так же удобна и не потеряла своей привлекательности, Телец вряд ли станет менять ее на что-то новое.

Жилые комнаты устланы мягкими коврами, по которым можно ходить в домашних тапочках или босиком. Идеален, конечно, открытый огонь, но на практике лучше центральное отопление, которое избавит вас от лишних хлопот.

Полы

Телец — покровитель ковров, и он использует их везде, где только можно. При этом чем выше у ковра ворс и чем он приятнее на ощупь, тем лучше. В качестве альтернативы подходит простая половая доска, воплощающая теплоту натурального дерева, или покрытие из натурального камня, ценимого за его прочность. Однако такой пол, безусловно, требует подогрева, чтобы по нему было приятно ходить босиком круглый год.

Ткани и обои

Чувственность Тельца хорошо сочетается с тканями, приятными и на ощупь, и на вид. Прекрасный вариант — атлас, бархат и шелк, цветочный набивной рисунок предпочтителен для старшего поколения Тельцов, поскольку напоминает об их любви к природе. Вас также могут привлекать обои с выраженной текстурой, например с ворсистой поверхностью. Правда, на практике лучше придерживаться относительно простых решений с использованием более мягких текстур.

ВВЕРХУ. В кухне Тельца преобладает традиционный подход. Земляные тона и обычная мойка, которую удачно дополняет стильный кран в форме лебединой шеи, выглядят в ней вполне уместно.

Освещение

Грамотное освещение способствует хорошему отдыху и расслаблению, поэтому в доме Тельца оно преимущественно мягкое и романтичное. Везде установлены выключатели с реостатом для регулировки яркости освещения в соответствии с настроением. Для настенных светильников особенно хороша декоративная арматура из бронзы или латуни. В основном господствует вполне традиционный стиль: торшеры или напольные светильники и настольные лампы с тканевым абажуром.

Кухня

Поскольку Тельцы любят поесть, кухне в их доме уделяется особое внимание. В том, что касается еды, Тельцы делятся на две категории — ультраконсерваторы и гурманы. Первые предпочитают строго ограниченное меню без специй и незнакомых ингредиентов. Вторым свойственны более экзотические вкусы. Ради забавы или в качестве полезного хобби Тельцам-консерваторам следует попробовать примкнуть к лагерю гурманов.

Телец покровительствует деревьям, поэтому предметы кухонной

Дом Тельца: из комнаты в комнату   39

мебели должны быть изготовлены из древесины насыщенных тонов. Предпочтительное покрытие пола — камень, керамическая плитка и бутовый камень. Идеальным дополнением к этой идиллической картине была бы большая кухонная плита, которая круглый год дает тепло и уют. Подобная деталь олицетворяет собой постоянство и солидность, которые так ярко проявляются в характере Тельца. И наконец, завершающий штрих — добротная книжная полка с изданиями по кулинарии. Несколько бутылок красного вина, портвейна и, может быть, бренди — и работа на кухне пойдет как по маслу.

Спальня

Телец находится под покровительством Венеры, планеты любви. Однако Венера ассоциируется также с комфортом, роскошью и чувственными наслаждениями. Тельцы умеют много и напряженно работать, но и отдых занимает в их жизни не последнее место. Для них много значит спокойный сон. В спальне Тельца основной акцент сделан на комфорте. Вполне отвечает ожиданиям большая кровать с мягким матрасом, стеганым одеялом из мягчайшего пуха, декоративными подушечками из атласа и бархата и множеством больших подушек. Нельзя обойтись без приемника и телевизора, которые оказываются кстати воскресным утром, когда можно понежиться в постели. Пол в спальне застелен роскошным пушистым ковром. И конечно, необходимо обратить особое внимание на дополнительные декоративные элементы, такие, как светильники и арматура для них, которые удачно довершают эту великолепную картину.

Типичные тона в спальне Тельца — розовые и сиреневые. Тельцы с более экстравагантными взглядами, возможно, предпочтут вычурный интерьер с обилием украшений. Мужчины-Тельцы, если их предоставить самим себе, сохранят верность утилитарному стилю.

СПРАВА. Женщины-Тельцы часто очень женственны. Мужчины-Тельцы предпочитают стиль без излишеств, однако здесь не упущена ни одна возможность, чтобы сделать жизнь максимально комфортной.

Предметы искусства и украшения

Тельцу близки архитектура и вообще все формы искусства, алебастр, латунь, бронза, медь. Поэтому предметы искусства и скульптура занимают в его доме заметное место. Особое предпочтение отдается живописи и изделиям из бронзы. Телец ценит качественные вещи и, возможно, относится к предметам искусства как к выгодному вложению капитала. Он любит украсить интерьер несколькими крупными эффектными предметами, а не множеством менее заметных вещей. Что касается фурнитуры и арматуры, то Телец выберет латунь и бронзу.

Ванная

Ванная комната тоже может предоставить массу возможностей для физических наслаждений. Центром внимания будет сама ванна, поскольку вы предпочитаете долго нежиться в воде, а не просто освежиться под душем. Ванна должна быть очень большой и, может быть, какой-нибудь необычной формы. В современном доме уместна круглая ванна, в более традиционном великолепно смотрится старомодная ванна в орнаментальном стиле. Несколько капель розового масла — то, что нужно для создания соответствующей атмосферы.

Тельцы особенно благоволят к ковровому покрытию пола, поскольку любят, чтобы ногам было комфортно; они терпеть не могут холодные материалы, такие, как керамическая плитка или винил. Однако есть и более практичная альтернатива — пробковый или простой деревянный пол с разбросанными тут и там циновками и ковриками.

Совершенно необходимы полотенцесушитель и комплект больших, толстых полотенец, сразу бросающихся в глаза. Нужно предусмотреть побольше полок и полочек, чтобы разложить все обилие шампуней, жидкого мыла для ванн, косметики, кремов, пудры и прочего, без чего Телец никак не может обойтись, принимая водные процедуры. На двери висит наготове банный халат из мягкого пушистого материала.

ВВЕРХУ. Любовь Тельцов к роскоши склоняет их к ковровому покрытию пола в ванной. Однако столь же сильное пристрастие к качеству и постоянству может заставить вас предпочесть более практичный вариант — подогреваемые каменные плиты.

Декоративные растения

Рожденные под знаком земли, Тельцы часто являются большими любителями различных растений, в том числе цветковых. Идеалом для них была бы тесная связь интерьера с пространством за стенами дома. Связующим звеном могли бы быть французские окна, балкон или хотя бы наружные цветочные ящики, если места совсем мало. Любимые цветы Тельца — душистые розы и лилии для срезки или фиалки и герберы как горшечные растения, оживляющие интерьер своими яркими красками.

Дополнительная комната

Поскольку Тельцы слывут гурманами и любят, чтобы в доме были запасы съестного, лучшая дополнительная комната для них — старомодная кладовка. Конечно, не в каждом жилище это осуществимо. Такое использование дополнительной комнаты уместнее для сельского дома, а не для городской квартиры. Однако с точки зрения соответствия приоритетам Тельца трудно придумать что-нибудь лучшее.

Традиционные большие кладовки — это темные помещения без окон, с каменным полом, позволяющим поддерживать в них более низкую температуру, чем снаружи. Здесь можно хранить экзотические приправы и специи, необходимые для очередного эпикурейского эксперимента. Однако эти продукты приобретаются и используются нечасто, иначе они заполонят все кухонные полки. Имея кладовку, вы можете покупать большие головки сыра, ветчину и копченые колбасы, не боясь, что они испортятся. Не помешает ящик хорошего вина, которое будет храниться до подходящего момента. Возвращаясь к прозе жизни, можно сказать, что помешанный на собственной безопасности Телец будет счастлив сознавать, что в случае чего он не умрет с голоду.

ВНИЗУ. Тельцы — известные любители поесть. Старомодная кладовка окажется далеко не лишним помещением в вашем доме — гарантией того, что у вас никогда не будет недостатка в провизии.

Сочетание с другими знаками

Овен
Овен обладает слишком сильным и волевым характером для Тельца и недостаточно ценит комфорт. Он склонен постоянно что-то изменять, причем именно тогда, когда вы только-только привыкли к предыдущей переделке. При определенном стечении обстоятельств это сочетание может оказаться удачным, но этот союз определенно будет непростым.

Другие Тельцы
Безусловно, главное в союзе двух Тельцов — физический комфорт. Можно не сомневаться, что дом будет заполнен мягкими диванами, толстыми коврами и огромными пушистыми полотенцами, а кухонные шкафы будут ломиться от дорогих продуктов.

Близнецы
Вам придется идти на некоторые компромиссы. Вы любите порядок и размеренное течение жизни. Близнецы слишком подвижны и непоседливы для вас, однако не лишены здравого смысла. Совместное обсуждение вопросов оформления дома поможет вам успешно справиться с этой задачей.

Рак
Телец и Рак обычно ладят друг с другом, причем ярче всего это проявляется в устройстве кухни. Рак любит готовить, а вы любите поесть, что может быть лучше? Оба придерживаются традиционных вкусов и оба стремятся сделать дом наиболее комфортным для жизни.

Лев
Телец и Лев — неподвижные знаки, это значит, что, однажды приняв какое-либо решение, вы оба будете проявлять крайнее упрямство. Когда дело коснется вопросов стиля и декора, возможно, придется прибегнуть к дипломатии, но стремление к комфорту — это та почва, на которой вы можете сойтись.

Дева
Оба знака твердо стоят на земле и проявляют интерес к материальной стороне жизни. Значит, обоим понравятся добротная мебель и качественные материалы для строительства дома. Начав планировать расходы на дальнейшие переделки в целях улучшения жилища, вы сможете по достоинству оценить финансовые возможности друг друга.

Весы
Оба знака находятся под покровительством Венеры, планеты, которая оказывает сильнейшее влияние на декор интерьера и дизайн в целом. Поэтому в ваших эстетических взглядах много общего. Конечно, вы можете по-разному подходить к их воплощению, но в основе своей они служат ценным ориентиром.

Скорпион
В зодиаке эти знаки противостоят друг другу, но это не говорит о противоречиях в их взглядах. На самом деле у вас очень много общего. Телец стремится «свить» роскошное гнездо, а Скорпион будет счастлив в нем укрыться. Могут возникнуть разногласия по поводу цветовых решений, но в основном вы хорошо дополняете друг друга.

Стрелец
Стрелец, будь такая возможность, заполнил бы свой дом разными необычными предметами народных промыслов. Ему нравятся странные скульптуры, которые он собирает, путешествуя по миру. Вы более традиционны в своих пристрастиях, поэтому между вами возможны разногласия.

Козерог
Козероги любят «показать товар лицом». Они стараются покупать качественные вещи, что находит понимание у Тельца. Несмотря на проявляемую иногда Козерогом строгость во вкусах, обычно между ними складываются хорошие отношения.

Водолей
Водолей — знак, отличающийся наиболее прогрессивными взглядами, в то время как ваш знак воплощает приверженность традициям. Вам трудно понять, как можно пренебрегать правилами и обычаями, которые годами исправно служили вам. Вероятны трения и скандалы, если только вы не предоставите друг другу достаточное жизненное пространство.

Рыбы
Что касается дизайна дома, то Телец и Рыбы легко находят общий язык. Телец может взять на себя глобальные задачи, оформление структурных элементов комнат и выбор крупных предметов мебели. Рыбам доставляет удовольствие заниматься завершающей отделкой, например цветовым решением отдельных помещений или оформлением окон. Взаимодополняющая пара.

Близнецы

21 мая — 20 июня

Приоритеты: общение, мышление, учение, разнообразие, общительность.

Типичные Близнецы

Созвездие Близнецов обязано своим названием Божественным близнецам, сыновьям Зевса Кастору и Поллуксу (греч. Полидевк), имена которых присвоены двум самым ярким из его звезд. Общение — вот что больше всего привлекает Близнецов. Рожденные под этим знаком любят поговорить, обожают писать письма, бывать в обществе, болтать по телефону, посылать и получать электронные послания. Они всегда в делах, от природы любознательны и постоянно учатся. Часто это активные члены местного общества, озабоченные поисками новой информации и способов приложения своего деятельного ума. Они просто ненавидят безделье и, если оказываются в такой ситуации, становятся беспокойными, раздражительными, буквально умирают от скуки. Близнецы разносторонни, легко адаптируются в любой обстановке, умеют хорошо выражать свои мысли, умны, обладают большим запасом нервной энергии. Главная их слабость — недостаточная концентрация на чем-то одном. Этим знаком в астрологии управляет планета Меркурий, и не случайно во всем мире многие газеты и телекомпании используют символ этой планеты в качестве своей эмблемы.

Дом Близнецов

Близнецы чрезвычайно общительны, они с удовольствием разговаривают с соседями, собирают последние слухи и сплетни. Вечеринки и разного рода собрания придают вкус их жизни. Находясь дома, Близнецы проводят много времени за телефонными разговорами, пишут множество писем, посылают и получают электронные сообщения или общаются со своими многочисленными друзьями и знакомыми иными способами. В доме часто бывают гости — родные, друзья, коллеги по работе и соседи.

Без такой бурной деятельности Близнецы сочтут свою жизнь невыносимой и, чтобы нарушить монотонность бытия, займутся хотя бы перестановкой мебели. В результате, придя в дом Близнецов, вы можете обнаружить, что все в нем переделано и переставлено. Подобные занятия помогают Близнецам убить время и вносят разнообразие в домашнюю жизнь, что, в свою очередь, избавляет их от очередного приступа скуки.

Типичные черты

Благоприятные
Разносторонний • легко адаптируется в новой обстановке • живой • умный • общительный • непосредственный • остроумный • деловой

Менее благоприятные
Беспокойный • нервный • поверхностный • неуравновешенный • хитрый • нерешительный • легкомысленный • непоследовательный

Ассоциации

Символ Божественные близнецы
Планета-покровитель Меркурий
День недели Среда
Счастливый цвет Желтый, особенно бледные оттенки
Счастливое число Пять
Камень Агат, камни, испещренные полосками, и топаз
Металл Ртуть
Цветы Папоротники, лаванда и ландыш
Деревья и кустарники Все виды орехоплодных деревьев
Страны и регионы Бельгия, Исландия, Марокко, Сардиния, Тунис и Уэльс
Города Кардифф, Лондон, Мельбурн, Нюрнберг, Плимут, Сан-Франциско и Триполи
Лучшие партнеры Водолей, Весы и Стрелец
Худшие партнеры Рыбы, Скорпион и Дева

Десять ключевых факторов
- автомобили
- двойственность
- журналы
- книги
- коридоры
- общение
- письма
- постеры
- радио- и телевещание
- улицы

Книги

Общение

Знаки зодиака

Знак воздуха

Близнецы общительны, коммуникабельны, отличаются деятельным умом. Их дом должен быть светлым и хорошо проветриваемым. Захламленность — не ваш стиль, хотя напряженная жизнь вне дома иногда не оставляет времени на то, чтобы навести порядок. В доме обязательно должны быть комната для гостей, диван-кровать или матрас для гостей, а также достаточное количество посуды, столовых приборов, бокалов для вина и запас спиртных напитков для дружеских вечеринок. Но даже Близнецы иногда нуждаются в покое и тишине. В эти редкие минуты нет ничего приятнее, чем свернуться калачиком на диване с хорошей книгой или журналом.

ВВЕРХУ. Жилые помещения Близнецов поражают разнообразием форм, обилием пространства и света. Центральное место занимает журнальный столик, вокруг которого хорошо собраться с друзьями.

Журналы   Двойственность   Письма

Дом Близнецов: из комнаты в комнату

Вход в дом

Близнецы не любят засиживаться дома. Однако между женщинами и мужчинами, родившимися под этим знаком, есть заметное отличие. Так, часто женщины-Близнецы олицетворяют собой тип «светского человека», чем более интровертные Близнецы-мужчины. Тем не менее ни те, ни другие не хотели бы лишиться удовольствия, которое доставляет им жизнь вне дома. Поэтому входную дверь в доме Близнецов лучше сделать стеклянной либо обрамить ее большими окнами, что в минимальной степени отделяет Близнецов от внешнего мира. Обычно их дом стоит на оживленной улице, а не за живой изгородью или в конце подъездной аллеи. Идеал Близнецов — постоянно быть в курсе всего, что происходит вокруг.

Для окраски наружных поверхностей хороши почти все жизнерадостные, веселые тона, хотя с этим знаком ассоциируются бледные оттенки желтого цвета. Близнецы молоды душой и всегда стремятся знать последние события в мире моды и дизайна. Поэтому, войдя в их дом, сразу можно заметить детали, отражающие новейшие тенденции в дизайне.

Жилые помещения

Идеальное жилое пространство Близнецов — это простота, отсутствие лишних вещей, порядок и никаких проблем с уборкой. При этом в нем достаточно много деталей, привлекающих внимание и радующих глаз. Итак, основные элементы жилых помещений просты, окраска стен выдержана в нейтральных тонах, пол обычный, возможно из полированного дерева. Окрасив его в более темный цвет, чем стены, можно сделать помещение светлее, просторнее. Для избранного вами стиля больше подойдут пастельные, а не яркие основные цвета. Лучшая мебель для Близнецов — это типичные образцы современного дизайна. Уместны плавные изогнутые линии, так как вы постоянно спешите и можете набить себе шишки, задевая об острые углы. Разнородные предметы мебели, выдержанные в одном стиле, сделают интерьер интереснее, чем тщательно выбранный мебельный гарнитур. Близнецы не любят долго рассиживаться, поэтому их образу жизни больше отвечают табуреты, чем громоздкие кресла. Центральный элемент интерьера — большой журнальный стол, вокруг которого могут разместиться ваши многочисленные гости.

ВВЕРХУ. Для оформления входа в дом Близнецов используется много стекла — либо в конструкции самой двери, либо вокруг нее. Обитателям дома всегда интересно знать, что происходит снаружи.

СПРАВА. Кухня Близнецов светлая и немного хаотичная, на открытых полках — обилие полезных приправ и кухонной утвари.

Полы

Керамическая плитка для пола уместна везде, где только можно, поскольку она практична и легко моется. Великолепно смотрится мозаичная плитка с рисунком, дополненная ковриками и деревянными решетками в более влажных помещениях. В жилых помещениях предпочтительнее деревянные полы. Они могут быть покрыты лаком, обработаны морилкой, придающей дереву привлекательный естественный оттенок, или покрашены специальной краской для пола.

Освещение

Освещение в вашем доме должно быть рациональным и современным по стилю. Близнецы не выносят резкий верхний свет, поэтому избегают ярких светильников и флюоресцентных ламп. Для кухни они подбирают шины с регулируемыми галогеновыми софитами, а для письменных столов и других уголков — настольные лампы с направленным светом. Так называемые лампы дневного света удобны зимой, хотя вы отдаете предпочтение естественному дневному свету. Для всех рожденных под знаком воздуха идеально подходят большие окна.

Кухня

Близнецы недолго задерживаются в этом помещении. В основном они забегают сюда, чтобы наскоро выпить чашку кофе, или съесть тарелку каши перед уходом, либо чтобы посидеть с друзьями за общей трапезой. Следовательно, наиболее удачным представляется утилитарный подход, предполагающий интерьер, не загроможденный лишними вещами, где легко поддерживать чистоту. В этом случае идея использовать простую окрашенную половую доску кажется привлекательной и практичной. Важное значение имеет организация мест для хранения кухонной

Ткани и обои

Близнецы больше всего ассоциируются с хлопком. В общей цветовой гамме может найтись место для любого цвета, тем не менее вы определенно отдаете предпочтение натуральным тканям, которые «дышат»: это очень важно для всех знаков воздуха. Другие существенные факторы — комфорт и качество. Декоративные ткани с рисунком делают вашу мягкую мебель эффектной и привлекательной. В этом случае обои должны быть однотонными, без рисунка, а более удачное решение — окрашенные стены.

Дом Близнецов: из комнаты в комнату

СЛЕВА. В спальне Близнецов необходимо предусмотреть достаточно вместительные встроенные шкафы для вещей. Иначе где вы будете хранить одежду, обувь, туалетные принадлежности, парфюмерию и косметику, модные аксессуары и другие вещи?

Предметы искусства и украшения

Близнецы в большинстве своем предпочитают современное искусство, и вы постараетесь украсить самое значимое ваше жилое пространство яркими картинами или эстампами. В их выборе решающую роль, конечно, играет личный вкус, но традиционно этот знак ассоциируется с постерами, поэтому будет уместно все, что можно отнести к этой категории. Типичные декоративные предметы — современные высокие вазы, обычно выполненные из металла или стекла. Двойственный характер этого знака предопределяет вашу любовь к зеркалам, которые могут играть декоративную роль или быть элементом мебели, например журнального столика.

утвари. Это могут быть шкафы с застекленным или открытым фасадом, в которых можно выставить глиняную или фаянсовую посуду ярких расцветок, подвесные настенные вешалки для красочных кружек и чашек и тому подобное. Завершенность этой картине придадут мешки для хранения прищепок, хозяйственные пластиковые сумки и другие мелочи.

В идеале центральный элемент в вашей кухне — барная стойка с несколькими высокими табуретами или стульями, удобными для посиделок с друзьями. Телевизор на кухне не позволит вам соскучиться в отсутствие более интересной компании.

Спальня

Скорее всего, вы рассматриваете спальню как одну из функциональных территорий, однако ваша кипучая деятельность ложится тяжелым бременем и на нервы, и на физические силы, поэтому вы нуждаетесь в более продолжительном сне, чем представители многих других знаков.

Для стен спальни лучше всего выбрать нейтральные тона, а для обстановки — пастельные. Обязательны тяжелые гардины или ставни, чтобы защититься от света. Необходимы такие предметы, как прикроватная тумбочка, ночник и хорошая книга, которые помогут вам успокоиться и расслабиться перед сном. В остальном обстановка должна быть простой, не перегруженной деталями, создающей минималистскую и одновременно расслабляющую атмосферу, которая позволяет отключиться от забот.

Ванная комната

Для ванной комнаты Близнецов характерны те же чистые, четкие и легкие линии, что и для остальных помещений дома. Облицовка кафелем и практична, и красива, замысловатость мозаичных плиток как нельзя лучше соответствует любви к деталям, которая свойственна этому знаку.

Плитка может быть одного цвета, разных оттенков дополнительных тонов или преимущественно белого цвета с редкими яркими цветовыми пятнами. Интересный эффект дает использование переливчатой облицовки или отражающего облицовочного материала, например стекла. В ванной, где стены, пол и потолок оформлены в цвете, более уместны белая сантехника и аксессуары.

Освещение должно быть ненавязчивым, вероятно, больше всего подойдут встроенные галогеновые настенные или потолочные светильники. Хорошо освещенное зеркало не только поможет в совершении туалета, но и сделает помещение более светлым и просторным.

Если в ванной есть окна, не стоит занавешивать их шторами или закрывать жалюзи. Лучше использовать полупрозрачное стекло — матированное, с узором или шероховатое. Оно создает ощущение уединенности и обеспечивает максимальную освещенность.

ВНИЗУ. Замысловатые мозаичные плитки идеально подходят для облицовки ванной Близнецов. Здесь все выдержано в одном цвете, но ничуть не хуже будут выглядеть орнаменты и рисунки.

Декоративные растения

С Близнецами принято ассоциировать папоротники и ландыш, представители этого знака также питают склонность к другим лилейным. Однако большинство Близнецов неважно ухаживают за растениями, так как они подолгу не бывают дома или их отвлекают неотложные дела. Следовательно, цветы в горшках Близнецам не подходят, а срезанные цветы быстро теряют свою свежесть и привлекательность. Остаются искусственные цветы. Если хорошенько поискать, можно найти образчики, поразительно похожие на настоящие.

Дом Близнецов: из комнаты в комнату

Дополнительная комната

Поскольку основная черта этого знака — любовь к общению, в дополнительной комнате лучше всего устроить кабинет. Здесь вы можете хранить книги, лишние журналы, вырванные откуда-то страницы, фотографии, визитные карточки и другие вещи, которые, как вам кажется, обязательно рано или поздно пригодятся.

У Близнецов масса друзей, с которыми нужно держать постоянную связь. Очень вероятно, что сейчас этих друзей разбросало по всему свету. Поэтому центральное место в комнате должен занимать письменный стол с ящиками для конвертов, марок, письменных принадлежностей и писчей бумаги. Необходим обычный телефон, желательно беспроводного типа, который можно переносить с места на место, продолжая заниматься делами одновременно с приятной и неспешной беседой. Здесь же зарядное устройство для прибора, больше всего соответствующего знаку Близнецов, — мобильного телефона, а также факс и многострадальный компьютер, с помощью которого вы посылаете и получаете электронную почту и бороздите просторы Всемирной паутины. Компьютер, конечно, самой последней модели, но, к сожалению, нередко барахлит по причине нерадивого ухода.

ВВЕРХУ. Близнецы — любители пообщаться, они часто пишут письма, звонят по телефону, посылают электронные сообщения. Специально предназначенный для этого кабинет — идеальное место, где все под рукой.

Сочетание с другими знаками

Овен
Удачное сочетание. Близнецам нравится знак Овна, так как его представители всегда готовы к любому начинанию и, решившись на что-либо, не станут бездельничать. Овен тоже питает пристрастие к четким линиям и соблюдению принципов дизайна, тем самым спасая Близнецов от хаоса.

Телец
Готовьтесь к тому, что, пытаясь прийти к компромиссу в выборе декора, вы будете вынуждены пожертвовать какими-то принципами. Вы отличаетесь большой гибкостью, а Тельцы — крайним упрямством. Безусловно, это не самая лучшая предпосылка для продолжительного союза.

Другие Близнецы
Вы оба настолько подвижны, что, несмотря на постоянные перемены в доме, вам вряд ли удастся найти такое решение, которое устроит вас надолго. Кроме того, вы часто отсутствуете и легко отвлекаетесь, а потому, если и остановитесь на каком-либо плане, он, возможно, так и останется незавершенным.

Рак
Дом для вас — не самое любимое место, и обычно вы в нем не задерживаетесь. Может быть, вкусы Рака кажутся вам довольно пресными. Тем не менее хорошо, что Раки сосредоточены на создании домашнего уюта: приходя домой, вы по достоинству оцените их заботу.

Лев
Ваши знаки ассоциируются с близкими цветами: Близнецы — с желтым, Лев — с оранжевым. Кроме того, вы разделяете некоторые креативные идеи Льва. Вас, конечно, привлекают смелые задумки Льва, но при условии, что удается время от времени воплотить в жизнь и собственные концепции.

Дева
Близнецы считают Деву довольно скучной. Земляные цвета, минимализм и грубые ткани вызывают у них зевоту. Они просто спят и видят какие-нибудь необычные элементы, интересные решения и интригу. Со своей стороны, Дева не выносит неаккуратность и беспорядок, свойственные Близнецам, так что это определенно не идеальная пара.

Весы
Близнецы и Весы — знаки воздуха. Вам придется по вкусу легкий характер Весов и их глубокое понимание красоты. С другой стороны, ваш живой ум и разносторонность побудят Весы обратить внимание на новые концепции.

Скорпион
Близнецы общительны и любят, когда в доме много народа, Скорпион же погружен в личную жизнь. Он большой собственник и предпочитает знать, где что лежит, а Близнецы постоянно разбрасывают свои вещи. Нельзя сказать, что рожденным под этими знаками невозможно жить вместе, вопрос в том, а стоит ли?

Стрелец
Близнецам нравится неформальный стиль Стрельца. Он раскованный и беззаботный, в его доме уютная, обжитая атмосфера, много свободного пространства. К сожалению, Стрелец предпочитает жить за городом, а Близнецы, скорее, городские жители, но в остальном они хорошо ладят друг с другом.

Козерог
Вкусы Козерога пронизаны традициями, а Близнецы обожают браться за различные дела и ни на чем надолго не задерживаются. Козерог придает большое значение строгому следованию правилам дизайна, Близнецы же более эклектичны в своих вкусах. Это далеко не идеальная пара.

Водолей
Близнецам быстро все надоедает, они постоянно нуждаются в разнообразии и смене интересов. Водолей покровительствует переменам, поэтому жизнь с ним не может быть скучной. Он оказывает уравновешивающее влияние на Близнецов, участвуя в обсуждении их идей и воплощении их в более конкретную форму. Эти знаки могут поладить.

Рыбы
Несмотря на то что и Близнецы, и Рыбы отличаются непостоянством, они совершенно по-разному подходят к декорированию. Рыбы, на вкус Близнецов, слишком оторваны от реальности, любят уединение, предпочитают отгородиться от мира опущенными шторами. В противоположность им вы очень общительны и любите свежий воздух.

Рак
21 июня — 22 июля

Приоритеты: дом, привязанность к домашнему очагу, воспитание, семья, прошлое.

Типичный Рак

Рак — сложный знак. Чтобы понять его, нужно вспомнить внешний вид и повадки животного, в честь которого названо это созвездие. Рак покрыт прочным панцирем, из-под которого он осторожно обозревает окрестности. Рак размахивает страшными клешнями и не отличается прямолинейным подходом к жизни. Но внутренне это самый мягкий, самый нежный и самый заботливый из всех знаков. Находясь под покровительством Луны, Раки особенно чувствительны к изменчивости этого небесного тела. То у них плохое настроение, они углублены в себя, и к ним невозможно подступиться, а то вдруг совершенно меняются — и тогда более доброго и ласкового человека просто не найти. Выше всего Рак ценит собственный дом. Тепло, забота и уют, царящие в семье, — непременное условие его физического и эмоционального благополучия. Особенно сильна и устойчива связь Рака с матерью. В этих взаимоотношениях не всегда все гладко, но они оказывают мощное и длительное влияние на жизнь Рака.

Дом Рака

Рак находится под покровительством Луны. Из всех знаков зодиака он больше всего ассоциируется с домовитостью и семейной жизнью. Следовательно, идеальный дом для Рака — это дом для большой семьи, множества родственников и их друзей, которые всегда чувствуют себя здесь уютно. Обстановка в таком доме Рака напоминает первородный хаос, но каждого гостя радушно встретят, накормят и дадут понять, что здесь он может рассчитывать на самую горячую поддержку.

В доме Рака все пронизано атмосферой надежности, сердечности и милой домашней суеты. Это далеко не самый аккуратный знак, он очень не любит что-либо выбрасывать, поэтому чистота и порядок не числятся в главных достоинствах его жилища. Однако все недостающее в этом отношении с лихвой окупается щедрой порцией доброты, заботы, внимания и эмоциональной теплоты. Представляя себе жилище Рака как идеальный семейный очаг, вы вряд ли ошибетесь.

Типичные черты

Благоприятные
Защитник • заботливый • с сильным родительским инстинктом • добрый • благожелательный • стойкий • проницательный

Менее благоприятные
Сверхчувствительный • чрезмерно эмоциональный • злопамятный • трусоватый • обидчивый • придирчивый • легко поддается перемене настроений • раздражительный

Ассоциации

Символ Рак

Небесный покровитель Луна

День недели Понедельник

Счастливые цвета Белый, серебристый, дымчатый, серый, серебристо-голубой и зеленый

Счастливые числа Два и семь

Камень Лунный камень и жемчуг

Металл Серебро

Цветы Все белые цветы: белые розы, акант, вьюнок, лилии и кувшинки

Деревья и кустарники Клен и другие деревья, богатые соком

Страны и регионы Нидерланды, Новая Зеландия, Парагвай, Шотландия и США

Города Амстердам, Манчестер, Милан, Нью-Йорк, Стокгольм, Токио, Венеция и Йорк

Лучшие партнеры Рыбы, Скорпион и, возможно, Козерог

Худшие партнеры Овен, Весы и, возможно, Козерог

Десять ключевых факторов
- антиквариат
- вода
- еда
- кулинария
- ностальгия
- сад
- север
- семейная жизнь
- семья
- стекло

Кулинария

Стекло

Знак воды

Рака характеризуют такие эпитеты, как впечатлительный, эмоциональный, серьезный. Все представители знака воды относятся к своему дому как к убежищу, где можно укрыться от острых углов внешнего мира и восстановить истощенные духовные силы. В идеальном доме Рака найдет отражение эта потребность в уединении и эмоциональной защищенности. При таких предпочтениях большую роль играет комфорт, а также тяга к прошлым временам. Поскольку Рак особенно близко ассоциируется с предметами для коллекционирования и антиквариатом, его дом будет смахивать на выставку фамильных реликвий.

ВВЕРХУ. Теплая, уютная, вполне традиционная атмосфера наиболее уместна в жилище домовитого Рака. Вам понадобится достаточно много удобных мест, где могли бы разместиться заглянувшие в дом родственники и друзья.

Сад

Вода

Семья

Дом Рака: из комнаты в комнату

Вход в дом

Из всех помещений дома Раку ближе всего кухня. В общении с близкими друзьями и родными он предпочитает дружеский и неформальный тон, поэтому идеально такие посетители должны входить в дом через заднюю дверь. Это знак того, что они здесь «свои люди», пользующиеся полным доверием и хорошо ориентирующиеся в доме. Заднюю дверь либо оставляют открытой, либо заранее сообщают о том, где лежит ключ, возможно, у некоторых друзей есть свой ключ, поскольку они часто бывают в доме.

Обычно гости сразу проходят на кухню, поскольку именно здесь им предстоит провести большую часть времени. Путь к дому лежит через сказочно красивый сад, тесно засаженный, устроенный в сельском стиле. Каждое растение в нем устремлено вверх, демонстрируя свой напор, жизненную силу и бьющую через край радость бытия.

Жилые помещения

Основным жилым помещением в доме Рака скорее всего будет кухня. В крайнем случае, она будет примыкать к жилой части дома. Большинство представителей этого знака любят готовить и с удовольствием занимаются бессчетным количеством других домашних дел, так что это помещение используется наиболее интенсивно: здесь и готовят, и едят, и отдыхают, и даже работают. Однако каждому время от времени необходимо вырываться из привычного окружения.

Идеальное жилое помещение в доме Рака — это скорее комфортабельное, чем нарядное и аккуратно убранное пространство, в нем преобладает ощущение покоя и уюта, располагающее гостей к тому, чтобы сбросить туфли и расслабиться. Раки придерживаются довольно традиционных взглядов, часто ощущают сильную связь с прошлым, поэтому несколько старых и потертых предметов мебели удачно подчеркнут общий дух некоторой обветшалости. Также не будут лишними изысканные антикварные вещи, хотя они должны играть практическую роль в вашем интерьере, а не быть просто объектами восхищения. Массивный книжный шкаф с большим выбором книг и занимающая видное место коллекция семейных фотографий довершат обстановку, в которой любой чувствует себя, как дома.

Полы

Покрытие пола в вашем доме должно быть износоустойчивым и практичным, способным выдержать толпы родственников, друзей и знакомых. В помещениях более утилитарного назначения уместны плитка или деревянные половые доски, обработанные морилкой и покрытые лаком; там, где требуется комфорт и уют, используются натуральные материалы, в том числе овчина. В качестве удобной и традиционной альтернативы можно прибегнуть к прочным ковровым покрытиям естественных тонов.

Освещение

Освещение должно быть непрямое, рассеянное, неяркое и романтичное. Рак любит дневной свет, а атмосферу уединенности можно сохранить

ВВЕРХУ. Рак более чем другие знаки наделен талантом садовода. Луна благоприятно влияет на посадку растений во время прохождения через созвездие Рака.

Ткани и обои

Старшим представителям знака подходят ткани с традиционными флоральными мотивами и вощеный ситец. Они как бы возвращают нас в прошлое, поэтому, создавая более современный по духу интерьер, ими не следует злоупотреблять. В наши дни самый верный вариант — однотонные стены, окрашенные в технике состаривания или с эффектом обветшалости, которые помогают создать уютную, домашнюю, скромную атмосферу. Скорее всего вы отдадите предпочтение натуральным, приятным на ощупь тканям.

ВВЕРХУ. Традиционная сельская кухня с открытыми потолочными балками — лучший вариант для Рака. Обратите внимание на массивный обеденный стол — центр притяжения для всей семьи.

с помощью декоративных растений за окном, элементов из узорчатого или витражного стекла и гардин из шифона, кисеи, муслина или органзы. В остальном освещение вполне традиционное, хотя образцы современного дизайна привнесут в интерьер веяния сегодняшнего дня. В типичном доме Рака, без сомнения, найдут свое место и настольные лампы, и торшеры.

Кухня

Это «сердце» вашего дома. Вероятно, Раку ближе всего типичная сельская кухня, в которой центральное место занимает огромный деревянный обеденный стол. На кухне проходит значительная часть повседневной жизни: здесь готовят, едят, пьют кофе, беседуют, общаются, просматривают утренние газеты, разговаривают по телефону, делают разную работу, здесь же играют дети.

Дерево умеренных тонов — идеальный материал для декорирования подобного помещения с традиционными застекленными шкафчиками для хранения обширной коллекции фаянса. Кухонную утварь можно развесить на крючках по стенам, оставив место на столешнице для набора старомодных эмалевых хлебниц и других полезных емкостей для самых разных пищевых продуктов, которые могут понадобиться Раку для приготовления еды. Фаянсовые и керамические горшки, супницы

Дом Рака: из комнаты в комнату

ВВЕРХУ. Рак питает пристрастие к белому цвету и естественному освещению. В спальне — спокойствие и защищённость, но нет и намёка на клаустрофобию или затворничество.

для особых случаев и простые кухонные весы — типичные элементы интерьера кухни. Несколько открытых деревянных полок на стенах — удобное дополнительное место для хранения.

И наконец, картину довершают керамическая или каменная плитка на полу и свежесрезанные цветы, подчёркивающие сельскую атмосферу. Хорошей заменой им в пасмурные зимние дни послужат несколько букетиков засушенных цветов.

Спальня

Спальня — ваше главное убежище. Здесь в полной мере воплощается ваша любовь к комфорту и белому цвету. Вам придётся по вкусу уютная, роскошная кровать с экстравагантными подушечками и самым лучшим стёганым одеялом. Идеальны кованая или деревянная кровать и постельное бельё преимущественно белого цвета — это классика, неподвластная времени. В комнате не должно быть слишком светло. В дневное время освещённость можно уменьшить, задёрнув гардины из муслина или кисеи, которые рассеивают яркий свет. Великолепным дополнением станет вышивка, украшающая постельное бельё, она скрашивает его монотонность. В остальном спальня Рака выдержана в простом, но не в аскетическом стиле. Это комната для сна и уединения,

Предметы искусства и украшения

Раку особенно близки антикварные вещи, поэтому несколько старинных предметов мебели великолепно дополнят интерьер. На видном месте — фотографии и портреты предков и членов вашей семьи. Настоятельно рекомендуется включить в интерьер какой-нибудь элемент, связанный с водой, успокаивающей и поднимающей настроение. Этот знак питает любовь к вазам разных форм: они отвечают таким чертам его характера, как замкнутость и внутренняя сдержанность.

поэтому она не должна быть перегружена декоративными элементами. На стенах можно развесить фотографии из семейного альбома в память о счастливых временах. Комоды и шкафы помогут справиться с беспорядком, который возникает по вине вашего инстинкта накопительства.

Ванная комната

Ванная играет важную роль в жизни Рака, ведь это первый из водяных знаков зодиака. Здесь прекрасно смотрится белый цвет с легкой примесью зеленого или голубого, смягчающий впечатление чрезмерной пустоты и холода. Использование простого дерева для дверей, полочек и других элементов дает ощущение комфорта и тепла. Несколько тщательно подобранных природных объектов, например гальки, камешков или морских ракушек, привносят в дом дыхание внешнего мира.
Вероятно, вы выберете ванну, а не душ, хотя в последнем случае вам предоставляется великолепная возможность использовать в интерьере какой-либо интересный вид стекла — как ширму для душа. И все-таки старомодная чугунная ванна, достаточно глубокая, чтобы понежиться в ней, будет, пожалуй, идеальным решением. Наконец, несколько белых пушистых полотенец, толстый белый халат и полотенцесушитель превратят ваши водные процедуры в истинное наслаждение.

> **Декоративные растения**
>
> Рак — самый искусный садовод из всех знаков зодиака. У вас будут пышно цвести почти все растения. Живописно выглядят срезанные цветы, но вы предпочитаете горшечные комнатные растения. Больше всего с этим знаком ассоциируются крупные белые цветы. Особенно привлекательны в интерьере белые лилии с их чарующим ароматом.

СЛЕВА. Ванная предоставляет прекрасную возможность подчеркнуть вашу принадлежность к знаку воды. Белые стены и керамическая сантехника служат фоном для выброшенных морем куска дерева или высушенной губки.

Дом Рака: из комнаты в комнату

Дополнительная комната

Учитывая то внимание, которое Рак уделяет семье, в частности детям, в дополнительной комнате рекомендуется устроить либо детскую спальню, либо комнату для игр. Ею постоянно будут пользоваться, пока дети маленькие, ее можно превратить в кабинет, когда дети подрастут, а позднее она пригодится для внуков, когда они будут приезжать погостить.

Эта особая комната должна быть оформлена в том же духе, что и остальные помещения в доме. Возможно, интерьер будет сочетать сельский и современный стили, что позволит создать удобную, уютную атмосферу, идеальную для роста и развития детей. Простые деревянные кровати и другие предметы мебели дают ощущение тепла и одновременно достаточно практичны. Их можно покрыть лаком для большей долговечности и украсить забавными рисунками и орнаментом по трафарету. Уместны и привлекательны плетеные корзины, полки и другие аксессуары из тростника, ротанга или ивы, которые хорошо гармонируют с деревянными предметами, сходными по цвету и текстуре.

Циновки из джута и волокна кокосовой пальмы на полу усиливают тепло естественных тонов. Вместо этих материалов можно использовать сизаль, но циновки из него грубее. Практично сочетание циновок с ковриками из овчины в тех местах, где должно быть особенно тепло и мягко.

ВВЕРХУ. Родившиеся под знаком Рака любят детей, поэтому самым подходящим дополнительным помещением в доме будет детская спальня или игровая комната. Опекая свое потомство, как никто другой, не забывайте, что когда-нибудь ребенку придется дать свободу.

Сочетание с другими знаками

Овен
Рак хочет превратить дом в защитный кокон. Ему нравится все старое и привычное, он часто ностальгирует по прошлому. Овен смотрит на жизнь широко, иногда отказывается от одного декоративного решения в пользу другого — и так без конца. Бедный Рак вскоре начинает чувствовать себя очень неуютно.

Телец
Телец высоко ценит качественные вещи, ему трудно с ними расстаться. Рак обожает свой дом и тоже держится за прошлое. В результате вскоре вы оказываетесь в окружении большого количества мебели и всяких безделушек. Не всем это по душе, но для вас двоих — это то, что нужно.

Близнецы
Близнецы считают Рака слишком прилипчивым, слишком привязанным к прошлому, к устаревшим стилям и понятиям. Близнецы любят переставлять мебель и, кажется, не способны создать что-либо постоянное. Между этими знаками не должно возникать особых трений, но, вероятно, и общего будет немного.

Другие Раки
Лучшее времяпрепровождение для двух Раков — заниматься домашними делами. Однако помните, что при вашей склонности к накопительству и стремлении сохранить каждую вещь, напоминающую о прошлом, очень скоро вам нечем будет дышать среди этого хаоса.

Лев
Раки любят свой дом, а Львы — своих детей и животных. В хаотичном жилище, переполненном вещами, детьми и животными, у вас найдется много общего. Льву нравится быть в центре внимания, иногда он бывает не очень чутким, но в остальном вас, наверное, не будет особенно раздражать его склонность к позерству.

Дева
Дева очень практична и всегда может найти применение очередным декоративным идеям Рака. Идеальный для Девы дизайн интерьера, возможно, излишне минималистичен и безжизнен на вкус Рака, а ее аккуратность вступает в некоторое противоречие с создаваемым им хаосом.

Весы
Весы прежде всего ценят красоту, а Рак любит свою семью, поэтому между ними возможны конфликты из-за того, что кто-то из близких вдруг нарушит тщательно спланированный Весами дизайн интерьера. В остальном же между двумя знаками вероятны лишь незначительные расхождения.

Скорпион
Рак и Скорпион — оба знаки воды, поэтому по природе своей созерцатели, время от времени нуждающиеся в уединении. Дом для них — это убежище, где их никто не потревожит. Общее отношение к дому как к уютному гнездышку гарантирует счастливый союз этих знаков.

Стрелец
Эти знаки традиционно считаются несовместимыми, но в жизни такие союзы встречаются чаще, чем можно было бы ожидать. Рак сидит дома, обеспечивая надежный тыл, в то время как Стрелец постоянно пребывает в движении, уверенный в том, что дома его всегда ждут. Оба знака питают пристрастие к спокойной атмосфере сельской жизни.

Козерог
Это две противоположности, между которыми возможно сильное взаимное притяжение. Рак может позволить себе разные фантазии в декоре и дизайне, создавая теплый и уютный домашний очаг. Козерог же будет зарабатывать деньги на воплощение этих фантазий, получая огромное удовлетворение от сознания того, что он такой хороший добытчик.

Водолей
Раку свойственна ностальгия и любовь к прошлому. Водолей же обычно устремлен в будущее. Однако, как это ни странно, Водолея тоже интересует глубокая старина. С некоторой помощью со стороны Рака этот интерес может развиться и стать объединяющим фактором.

Рыбы
Вы оба — знаки воды, поэтому разделяете общие взгляды и глубоко проникаетесь чувствами друг друга. Панцирь Рака делает его более выносливым и лучше организованным, и это помогает ему защитить Рыб от ударов судьбы.

ЛЕВ
23 июля — 22 августа

Приоритеты: самовыражение, роскошь, успех, креативность, все самое лучшее.

Типичный Лев

Символ знака — лев, царь зверей, поэтому все Львы требуют должного уважения от мелких существ, окружающих его. Львами управляет Солнце, что определяет их положение в центре событий. Однако не все Львы ярко выраженные позеры, какими они часто предстают в литературе по астрологии. Многие из них спокойные, тихие люди, которые вызывают к себе внимание и уважение.

Это щедрые, верные и великодушные личности, но по-настоящему счастливыми они чувствуют себя, если обладают властью и занимают престижное положение. Когда к ним относятся с восхищением и уважением, Львы способны сделать все возможное и невозможное ради тех, кого они любят. Этот знак тяготеет ко всему самому лучшему и испытывает жестокие муки, если ему приходится довольствоваться чем-то посредственным и второсортным. Однако любовь Львов к детям и животным говорит о том, что они способны на любые жертвы. Благородство — вот наиболее точное слово, выражающее сущность Льва.

Дом Льва

Этот знак ассоциируется с королями, президентами, премьер-министрами и всевозможными лидерами и вождями. Однако в жизни далеко не каждый Лев принадлежит по рождению к этому высокому кругу. На самом деле многие предпочитают занимать более спокойное положение в обществе, чем находиться на вершине власти и чувствовать себя подавленными грузом обязанностей.

Будучи знаком, особенно тесно связанным с замками, дворцами, бальными залами и другими впечатляющими интерьерами, Лев постарается превратить любое жилище в свой персональный замок.

Любовь Льва к детям и животным часто приводит к тому, что его жилище оказывается перенаселенным домашними любимцами и собственными отпрысками разного возраста. Из-за этого обстановка дома вряд ли поразит великолепием. Мраморный холл, украшенный статуями, — этот идеал чаще присутствует лишь в мечтах Льва. На практике жилище может оказаться более чем скромным,

Типичные черты

Благоприятные

Великодушный • щедрый • благородный • рыцарственный • творческий • экспансивный • беззаветный • эффектный

Менее благоприятные

Помпезный • проявляющий снобизм • тщеславный • избалованный • упрямый • напыщенный • склонный к аффектации • позер

Ассоциации

Символ Лев
Планета-покровитель Солнце
День недели Воскресенье
Счастливые цвета Солнечные — желтый, золотой и оранжевый
Счастливое число Один
Камень Бриллиант и янтарь
Металл Золото
Цветы Подсолнухи, ноготки, чистотел, цикламен, розмарин и страстоцвет
Деревья и кустарники Все цитрусовые, особенно апельсиновое дерево, а также лавр, олива и все виды пальм
Страны и регионы Франция, Италия, Македония, Мадагаскар, Румыния, Сицилия и Занзибар
Города Бат, Бристоль, Бомбей, Чикаго, Лос-Анджелес, Мадрид, Филадельфия и Рим
Лучшие партнеры Овен, Стрелец и в определенных обстоятельствах Рыбы
Худшие партнеры Телец, Скорпион и часто Водолей

Десять ключевых факторов

- бальные залы
- дворцы
- дети
- домашние животные
- замки
- комнаты для игр
- креативность
- пикники
- роскошь
- тепло

Дети   Тепло

но его обитатели окружают Льва такой любовью и заботой, что это компенсирует все.

Знак огня

Для Льва характерно активное, творческое отношение к жизни. Этот знак особенно тесно ассоциируется с креативностью. Его связывают с детьми и домашними животными, поскольку воспитание и тех и других — это, по сути, акты творчества. В остальном креативность Льва находит свое выражение в увлечении искусством, театром и индустрией развлечений. Для созидания необходимы энергия, уверенность в себе и энтузиазм, и типичный Лев обладает всеми этими качествами в избытке.

ВВЕРХУ. Львы питают пристрастие к роскоши и блеску, поэтому заурядный интерьер — не для них. Золоченый камин и кушетка с обивкой, напоминающей шкуру животного, — убедительные свидетельства «львиного» происхождения хозяина этого дома.

Домашние животные

Пикники

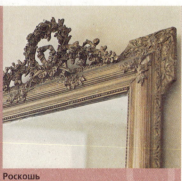

Роскошь

Вход в дом

Независимо от местоположения дома, внешнее оформление входа сразу бросается в глаза. Иногда оно производит поистине грандиозное впечатление. Мраморные ступени и колонны, внушительных размеров тяжелая дверь красного дерева — лишь один из возможных вариантов. Любовь к золоту находит воплощение в массивном латунном дверном кольце и подходящей ему по стилю латунной фурнитуре. К входу в резиденцию Льва ведет длинная подъездная аллея, посыпанная гравием. Вдалеке перед вашими глазами встает величественное сооружение.

На самом деле далеко не у всех Львов дома поражают таким великолепием. Тем не менее они всегда выделяются среди соседних зданий какими-либо более крупными заметными деталями. Это может быть изысканно украшенный звонок, большая табличка с вашей фамилией, необычно большой дверной колокольчик или огромная тарелка спутниковой антенны. Либо это просто дом, где все окна ярко освещены, а шторы широко раздвинуты.

ВВЕРХУ. Даже и не думайте проскользнуть незамеченными в этот дом. Вас встретят со всей пышностью, которую заслуживает ваш визит. Будем надеяться, что и вы окажетесь на высоте.

Жилые помещения

Теоретически вам хотелось бы жить во дворце. Ваша мечта — мраморный пол и колонны, статуи и фонтаны, люстры, высокие окна, балконы и широкие лестницы. Совместить все это с обычной обстановкой непросто, но поскольку вы цените качество, то обязательно изыщете возможность окружить себя высококлассными вещами. Расходы заботят вас гораздо меньше, чем желание жить в таких условиях, которые отвечают вашим ожиданиям и ожиданиям вашей семьи. Вас просто убивает мысль о том, что вы будете испытывать смущение и стыд, когда к вам в дом заглянут друзья или соседи.

В современном доме Льва можно без опаски использовать яркие и контрастные тона: если кто и способен по достоинству оценить подобные эффекты и жить среди них, так это именно вы. Вам особенно подходят красные, оранжевые, желтые и золотые тона, хотя совсем необязательно ограничивать цветовую гамму только этими красками. С учетом связи между Львом и Солнцем ваш дом очень выиграет от больших окон и обилия естественного освещения. Найдется место и более ярким и вычурным деталям — фестонам и фалдам штор, обрамляющих окна, ламбрекенам и сборчатым занавескам. Обязательны удобные диваны и кресла.

Ткани и обои

Некоторые ткани как будто специально созданы для Льва. Мнения относительно их места в интерьере дома могут быть разные: например, можно использовать их как покрывала для диванов, в качестве декоративных чехлов на подушки или для оформления окон. Один из видов ткани, наиболее подходящих для Льва, — это ламе, ткань, в которую вплетены металлические золотистые нити. Тот же эффект дают некоторые современные легкие ткани из льняных и ацетатных волокон.

Пол

Самым лучшим будет такой пол, который не составляет труда содержать в чистоте. Можно использовать, например, современные пластиковые покрытия, разнообразные по цвету и теплые на ощупь. Не стоит сбрасывать со счетов и терракотовую плитку — она обогатит цветовую гамму интерьера. Шикарные ковры тоже для вас, ведь Львы так чувствительны к красоте! Но если вы хотите настоящей роскоши, то подумайте о полах из тисненой черной кожи. Это ультрамодное решение может быть идеальным для спальни, безупречной с точки зрения дизайна.

Освещение

Поскольку жизнью Льва управляет Солнце, важно максимально облегчить доступ солнечных лучей в ваш дом. Рекомендуются большие окна и световые люки. Если это невозможно, есть другой вариант — использование ламп искусственного или дневного света, особенно когда солнце светит не так ярко. Сходного эффекта можно добиться с помощью гардин в солнечных тонах, тогда в комнате не будет мрачно даже в пасмурный день.

Кухня

Кухня Льва скорее всего будет современной и утилитарной. Она оснащена разнообразной бытовой техникой, которая экономит ваше время; ведь есть гораздо более серьезные вещи, требующие вашего внимания, чем мытье посуды и сушка одежды. Все это оборудование новое и, в зависимости от вашей информированности в этих вопросах, представлено последними моделями самых уважаемых фирм.

Все знаки огня предпочитают современные кухни, поэтому Льву, безусловно, придется по вкусу нержавеющая сталь. Покрытие пола

ВВЕРХУ. Львы любят устраивать приемы, поэтому меньше всего им хотелось бы, встретив гостей, тут же исчезнуть в кухне, чтобы приготовить угощение. В подобных случаях гораздо удобнее вот такой праздничный интерьер.

Дом Льва: из комнаты в комнату

должно быть скромным и легко моющимся; прекрасный вариант — керамическая или пластиковая плитка либо полиуретановое покрытие, которым заливают основу пола. Пластиковое покрытие имеет еще одно преимущество: оно дает ощущение тепла. Лев, будучи солнцепоклонником, не выносит холода.

Завершающий штрих — подставка для бутылок с хорошим подбором вин, в том числе с несколькими дорогими сортами для угощения гостей. Может быть, вы и не относитесь к энтузиастам кулинарного дела, но, безусловно, любите устраивать приемы.

Спальня

Спальня — самая уединенная комната в доме Льва, именно здесь его любовь к роскоши может проявиться в полной мере. Центральное место в ней, конечно же, занимает кровать. Смелый, с размахом подход к выбору этого важнейшего элемента — прекрасное начало для успешной работы над интерьером комнаты в целом.

Для царственного отдыха Льва совершенно не подходят низкие кровати или скромные футоны. Гораздо более уместна огромная двуспальная кровать с массивным каркасом. Наиболее экстравагантно будет выглядеть старинная кровать с четырьмя высокими столбиками. Современный вариант из кованого железа тоже приемлем.

В крайнем случае Львы могут превратить обычную спальню в нечто оригинальное, просто задрапировав спальное место каким-нибудь подходящим материалом так, чтобы образовался балдахин или что-то вроде короны. Если речь идет о роскоши, то необходима еще одна деталь — ковер с высоким ворсом.

Ванная комната

Интерьер ванной Льва должен быть подчинен тем же принципам, облегчающим поддержание чистоты и порядка, что и остальные помещения, но она обязательно должна быть теплой и располагающей — Львы не любят холод. Особым шиком может стать пол с подогревом. Мелкая мозаичная плитка на стенах в солнечных тонах — от желтого и золотистого до желто-коричневого и даже более темных оттенков — создаст особенно теплую, уютную атмосферу. Чтобы эффектно выделить некоторые элементы однотонного убранства ванной, можно использовать смелые основные цвета, продолжающие «солнечную»

ВВЕРХУ. В самом центре «логова» Льва неприемлемы никакие компромиссы. Стиль может варьировать от традиционного до современного, но всегда отличается роскошью.

Предметы искусства и украшения

Львы часто питают особую любовь к искусству. Пара больших картин, помещенных на видное место, безусловно, станет эффектной доминантой интерьера. Вы предпочитаете смелые художественные решения и любите, чтобы выбранные вами работы были на виду и, возможно, вставлены в старинные позолоченные рамы — способ поддержать «золотую» тему. Идеальным украшением служат зеркала, в которых вы периодически будете видеть свое отражение.

тему. Жалюзи на окнах не позволят нарушить ваше уединение и в то же время впустят в ванную максимум дневного света.

С учетом пристрастия Льва к цвету золота в ванной будет прекрасно смотреться латунная фурнитура. Уместно обилие зеркал — ведь вы хотите быть уверены, что предстанете перед миром в надлежащем виде. Освещение должно быть ярким и прямым, но всегда скрывать недостатки вашей внешности и подчеркивать достоинства. Наиболее удачным решением для ванной Льва будут, вероятно, галогеновые софиты, искусно встроенные в стены и потолок.

И наконец, не забудьте о таком крайне важном элементе, как туалет. Его дизайн должен гармонировать с остальными предметами. Помещение, которым многие часто пренебрегают, в доме Льва становится уголком, пронизанным духом роскоши и изнеженности.

ВНИЗУ. В этой ванной сочетаются закатные тона — желтый, оранжевый и черный, с которыми преимущественно ассоциируется ваш знак. Удачно подобранная латунная фурнитура дополняет это впечатление.

Дом Льва: из комнаты в комнату

Дом Льва: из комнаты в комнату

Дополнительная комната

Если позволяют место и финансы, идеальной дополнительной комнатой в доме Льва должен стать солярий. Представители этого знака находятся под покровительством Солнца и часто являются ярыми солнцепоклонниками. В летние месяцы, которые так быстротечны в странах с умеренным климатом, Львов часто можно встретить на пляже, в саду, в парке, где они стараются вобрать в себя каждую частичку бесценного ультрафиолета. Иметь дома такое оборудование, которое позволяет поддерживать свой загар круглый год, чтобы блеснуть им в обществе, — наверняка это и есть ваше представление о роскоши. Еще лучше, если в эту зону включить сауну, тренажерный зал или даже плавательный бассейн. Львов не очень привлекают спортивные упражнения, но упоенность собственной внешностью, безусловно, заставит их поработать. Если все это неосуществимо, было бы замечательно найти место для горизонтальной или вертикальной кабины для загара. Одно только прикосновение солнечных лучей к вашей коже способно поднять настроение. Независимо от естественного цвета кожи, загар придаст ей еще более здоровый вид.

Декоративные растения

Львов нельзя назвать большими специалистами по растениям, поэтому они часто предпочитают искусственные или засушенные цветы живым. Подходящее комнатное растение — цикламен, но воду следует наливать только в поддон, иначе растение может загнить. Еще одно неприхотливое растение, которое будет уместно в доме Льва, — гербера с крупными яркими цветками желтого, розового или оранжевого цвета.

СЛЕВА. Редко встретишь Льва, который не любил бы нежиться на солнце. Иметь возможность делать это в любую погоду и даже ночью — такова роскошная жизнь в представлении Льва.

Сочетание с другими знаками

Овен
Вы оба — представители знаков огня, поэтому при возникновении разногласий в вопросах стиля и декора ни один из вас не станет сдерживаться, отстаивая свою позицию. К счастью, споры могут быть не так часты — огненные краски устраивают вас обоих.

Телец
Вы оба неподвижные знаки и, следовательно, можете быть крайне упрямыми. У вас очень разные взгляды, и, если вы не проявите максимум осторожности, может возникнуть ситуация «нашла коса на камень». В большинстве случаев единственный выход — достаточно свободный союз.

Близнецы
Как правило, это удачное сочетание, так как у вас много общего в подходе к декорированию и дизайну. Однако рано или поздно возникнет необходимость в поисках компромисса, иначе Близнецы могут просто устать от того, что Лев всегда прав. В свою очередь, Лев бывает недоволен недостатком уважения со стороны Близнецов.

Рак
Хотя временами взгляды Рака кажутся вам излишне сдержанными, невыразительными и традиционными, радует то, что он готов играть второстепенную роль, уступая вам в выборе стиля. Кроме того, вы оба любите детей и животных.

Другие Львы
Поселите двух Львов вместе — и получите дом, мимо которого никто не пройдет равнодушно. Вычурный, роскошный, грандиозный — пожалуй, это еще слишком сдержанные эпитеты. Поэтому придется проявить некоторую осмотрительность, чтобы не испортить картину нарочитостью и претенциозностью.

Дева
Лев любит, чтобы все было ярче, роскошнее и грандиознее, чем в жизни. Дева во всем предпочитает минимализм, сдержанность и приглушенность. Компромисс возможен, если при минималистском стиле использовать самые высококачественные материалы — при условии, что все представляют себе, каких расходов это потребует.

Весы
Весы могут быть нерешительными и в то же время расположенными к партнерству. Лев самоуверен, убежден в своей правоте и любит чувствовать себя хозяином положения. В этом союзе Лев будет принимать решения, а Весы — с большим удовольствием выполнять их. Звучит заманчиво, не правда ли?

Скорпион
Возможны некоторые разногласия, поскольку Лев больше всего на свете любит быть в центре внимания, для Скорпиона же нет ничего хуже. Этот союз может быть успешным, только если Льву достанутся все знаки внимания и похвалы, а Скорпиону дадут возможность оставаться в тени.

Стрелец
Это хорошая пара, так как и Лев, и Стрелец — знаки огня и, следовательно, у них общие взгляды и общее отношение к цветовым решениям и дизайну. Обоих устраивает спокойная жизнь в сельском стиле. При несогласии с решением Льва относительно стиля Стрелец не преминет откровенно высказать свое мнение.

Козерог
Вы находите Козерога скучноватым. Он слишком традиционен и консервативен, питает склонность к неярким и приглушенным тонам, столь ненавистным для вас. В чем вы согласны друг с другом, так это в вопросе качества, которое вы оба высоко цените.

Водолей
Лев и Водолей — тяжелое сочетание, причем лучше ладят друг с другом представители разного пола. Будучи Львом, вы стремитесь к тому, чтобы ваше стилевое решение было оригинальным и выделялось среди других, но рядом с вами оказывается тот, кто превосходит вас в этом. Досадно, но вы даже не пытаетесь понять друг друга.

Рыбы
Рожденные под знаком Рыб мечтательны и спокойны, но предоставленные самим себе могут почувствовать, что жизнь становится холодноватой и неуютной. Больше всего на свете им хочется, чтобы какой-нибудь Лев окружил их своим теплом и поддержал в воплощении творческих замыслов.

Дева
23 августа — 22 сентября

Приоритеты: чистоплотность, порядок, практичность, служба, простота, работа.

Типичная Дева

Представители знака Девы отличаются наиболее системным подходом к жизни среди всех знаков зодиака. Они обладают организаторскими способностями, но, будучи скромными и застенчивыми, предпочитают действовать «за сценой». Девы стремятся к совершенству: чистота в широком смысле, эффективность и простота — вот их основные приоритеты. В реальной жизни любовь к порядку не принимает столь крайних форм, как принято думать. И все-таки Девы всю жизнь будут ненавидеть хаос и неразбериху, где бы они ни возникали.

Стремление Девы к совершенству распространяется на такие сферы, как физическая и духовная гармония, особенно ее интересуют вопросы здоровья и питания. Представители знака трудолюбивы, услужливы, исполнительны, ответственны и сосредоточены преимущественно на практических сторонах жизни. Страсть к совершенству — также и основная их слабость, поскольку окружающие могут воспринимать предложения Дев, продиктованные лучшими побуждениями, как чрезмерный критицизм. Стоит помнить, однако, что Девы чрезвычайно самокритичны.

Дом Девы

Учитывая репутацию представителей Девы как приверженцев порядка и чистоты, можно со всей уверенностью сказать, что их идеальный дом будет образцом аккуратности. В реальной жизни этому могут помешать другие астрологические факторы, но все равно большинству представителей знака Девы не дают покоя беспорядок и нагромождение лишних вещей. Поэтому они тратят массу энергии на то, чтобы упорядочить свою среду обитания. Принцип «каждой вещи свое место» имеет определяющее значение для душевного благополучия Девы.

Помимо этого, Дева отдает предпочтение простору, свету, светлым и нейтральным тонам и простым декоративным решениям. Стиль этого знака прост, но не холоден, а чутье на детали гарантирует, что любая мелочь будет оценена по достоинству. Характерная особенность дома — разумное использование пространства, основанное на свежих и остроумных идеях в плане хранения вещей. Закончив работу, Дева непременно разложит все по местам.

Типичные черты

Благоприятные
Системный подход к дизайну • скромный • услужливый • сознательный • добросовестный • старательный • прилежный • аккуратный

Менее благоприятные
Чрезмерно систематичный • склонный к критике • привередливый • склонность к капризам • напряженный • беспокойный • скованный • не бросающийся в глаза

Ассоциации

Символ Дева

Планета-покровитель Меркурий

День недели Среда

Счастливые цвета Серый, бежевый, грязно-белый, приглушенные желтые и голубые тона, оттенки зеленого и коричневый

Счастливое число Пять

Камень Сардоникс

Металл Ртуть

Цветы Нарциссы, все мелкие яркие цветы, особенно голубых или желтых тонов

Деревья и кустарники Все орехоплодные деревья

Страны и регионы Бразилия, Крит, Греция, Швейцария, Турция, Уругвай и Вест-Индия

Города Афины, Бостон, Коринф, Лион, Париж, Тулуза, а также все города-курорты, в том числе с минеральными водами

Лучшие партнеры Козерог и Телец

Худшие партнеры Близнецы, Рыбы и Стрелец

Десять ключевых факторов
- вышивка
- здоровье
- письменные столы
- ремесла
- сады
- свет
- служба
- столовые
- фитнес
- эффективность

Здоровье

Ремесла

Знак земли

Поскольку Дева — знак земли, основной упор в интерьере будет сделан на натуральные ткани, естественные тона и природные материалы. Это относится ко всему — стенам, полам, мебели. Интерьер должен создавать впечатление чистоты, простора и отсутствия лишнего и воплощать принципы современного стиля «открытой планировки». Этому знаку особенно близок скандинавский дизайн, где широко используются бук и береза. Их светлые тона предпочтительнее темной древесины других пород. Особое внимание уделяется естественному свету. Палитра ограничена холодными и приглушенными тонами — чисто-белым, белым с желтоватым и сероватым оттенком, серым и даже светло-голубым, которые продолжают тему естественности.

ВВЕРХУ. Вы предпочитаете простой, без вычурности стиль оформления интерьера, поэтому обстановка вашего дома непритязательна и практична. Тем не менее, будучи знаком земли, вы, несомненно, цените комфорт.

Сады | Вышивка | Фитнес

Дом Девы: из комнаты в комнату

Вход в дом

Ваш дом оформлен сдержанно и со вкусом, поскольку вы не любите привлекать к себе внимание. Входная дверь либо изготовлена из простого светлого дерева, либо покрашена краской приглушенного нейтрального цвета. В доме много окон для максимального проникновения дневного света. Чтобы защититься от нескромных взглядов, можно использовать матовое или витражное стекло с замысловатым рисунком либо повесить простые жалюзи или гардины из светлой тонкой ткани.

Перед входом всегда очень чисто, листья и другой мусор регулярно убирают. У двери снаружи и внутри положены коврики: вам бы хотелось, чтобы гости использовали и тот и другой. Стоячая вешалка, подставка для зонтов и вешалка для пальто — первые признаки того, что жизнь в стенах дома упорядочена, а не хаотична.

ВВЕРХУ. Дева предпочитает скромность и сдержанность. Поэтому витражные элементы в оформлении входа, охраняя ваше уединение, в то же время апеллируют к вашему чутью на детали и умению оценить искусную работу.

СПРАВА. Из всех знаков зодиака Дева, вероятно, наиболее серьезно подходит к вопросам здоровья. Поэтому кухня, где вы готовите еду, должна быть образцом чистоты и аккуратности.

Жилые комнаты

Жилые помещения в доме Девы — просторные, не загроможденные мебелью, сочетающие в интерьере современные веяния и традиции. Идеальное покрытие для пола — простая половая доска или подходящий заменитель из ламината с декоративными ковриками, положенными там, где нужен особый комфорт. Подойдет также сплошное покрытие из натуральных волокон (например, волокна кокосовой пальмы), сизаля, пеньки или джута. Плетеная мебель из тростника, ивы или ротанга придаст интерьеру непринужденность. Ее можно не окрашивать, но если хочется, использовать для окраски пастельные тона. Помимо плетеных кресел, следует предусмотреть диван или кресло со светлой обивкой, более удобные для отдыха. Другие предметы мебели — из светлого дерева — должны быть простыми, без лишних украшений.

Поскольку Дева ассоциируется с помещениями, имеющими отношение к еде, прекрасным дополнением будет обеденный стол; его хорошо поставить у окна, выходящего в сад, который тоже близок вашему знаку. Комната должна быть хорошо освещена, желателен яркий свет, но только не ослепительный и безжалостно заливающий все вокруг. Безусловное предпочтение отдается естественному дневному освещению.

Полы

Главное требование — покрытие пола должно быть натуральным. Идеально подходит шлифованная деревянная половая доска из светлой древесины и ее синтетический заменитель — ламинат, а в качестве дополнения можно использовать покрытия из натурального волокна (например, волокна кокосовой пальмы), пеньки, джута и сизаля. Дерево уместно также в кухне и в ванной, где его можно покрасить для большей долговечности. Хорошей альтернативой служит покрытие из натурального каучука.

Ткани и обои

Лучший вариант для вас — простые натуральные ткани. Прохладные голубые и яркие белые тона развивают тему прохлады и воздушности. Найдут свое применение и грубые ткани натуральных цветов — мешковина, пенька и джут. Для оконных гардин великолепно подходят муслин и кисея, оберегающие ваше уединение и в то же время пропускающие в дом максимум дневного света.

Освещение

Декоративный стиль Девы развивает скандинавскую тему, отдавая предпочтение естественному освещению. Это предполагает использование таких источников света, которые помогают восполнить дефицит солнечных лучей, испытываемый жителями северных стран. Освещение должно быть ярким, при этом не следует ограничиваться одним источником света. Настольные лампы разной конфигурации, стилизованные торшеры и встроенные потолочные и настенные светильники предоставляют широкие возможности для выбора правильного дизайнерского решения.

Кухня

Дева прекрасно понимает значение здорового питания, а потому кухня — одно из самых важных помещений ее дома. Идеальный доминирующий цвет — белый: он создает оптимистичную атмосферу. В кухне много полок, куда можно поставить простые керамические миски, кружки и другую полезную и одновременно декоративную кухонную посуду. В этом интерьере очень уместна нержавеющая сталь — в виде бытовых приборов и рабочих поверхностей, а также кухонной утвари.

Для пола можно использовать лакированный бук, березу или их заменитель ламинат. Прекрасная альтернатива — покрытия из пластика или каучука. Они производятся в широкой цветовой гамме, прочны, легко моются. Если позволяет площадь, хорошо поставить деревянный

Предметы искусства и украшения

Характеру Девы отвечает простой, упорядоченный интерьер. Поэтому вы, вероятно, предпочтете минимализм в декоративном убранстве. Идеальным украшением будут высокие напольные вазы с прямыми или изогнутыми ивовыми ветками, уместны также маленькие букетики цветов одного вида; их не должно быть много, чтобы не перегружать интерьер. Кроме того, поскольку Дева ассоциируется с ремеслами, умело подобранные украшения в других помещениях дома также должны служить каким-нибудь полезным целям. Это могут быть фарфоровые тарелки, вазы и другие аксессуары из керамики.

ВНИЗУ. Пустоватая и строгая спальня Девы далеко не всем придется по вкусу. Обращает на себя внимание использование натуральных материалов для покрытия пола, которые подчеркивают целостность этого дизайнерского решения.

стол, за которым по утрам сможет собираться вся семья. Стеллажи для свежих овощей, кофеварка и пряные травы, растущие в декоративных горшках на подоконнике, довершают картину.

Спальня

Идеальная спальня Девы выдержана в минималистском стиле, особенно если вы — мужчина, поскольку мужчины больше склонны к простоте, чем женщины. В качестве кровати лучше всего использовать футон, положенный на низкий каркас или прямо на пол. Это простое, но остросовременное решение лучше всего соответствует духу Девы. Покрытие пола — из натурального волокна. Если текстура натурального волокна кажется вам грубой, можно использовать однотонное ковровое покрытие естественных тонов с рельефным переплетением.

В спальне, находящейся в чердачном или мансардном помещении, можно ввести в интерьер такие индустриальные элементы, как открытые трубы или голая кирпичная кладка. Последний вариант, в частности, подчеркивает близкую земле цветовую гамму. Римские шторы или шторы, поднимающиеся на шнурках (может быть, из мешковины или джута), дополняют эту приземленную картину гораздо лучше, чем любые гардины.

Ванная комната

Ванная может стать тем местом, где будут органично смотреться радикальные элементы дизайна. Доминирующая черта интерьера — простота, преобладающий цвет — белый, освещение — либо дневной цвет, либо встроенные галогеновые софиты.

Современный дизайн мебели для ванных комнат бывает представлен весьма неожиданными формами. В предметах, собственно, оставлена только их суть: неглубокая, похожая на блюдо раковина на подставке, ванна, чьим прототипом является открытый кокон. Каучуковое покрытие пола цвета натурального камня усиливает этот эффект. Несколько природных объектов — веточки в оригинальной вазе или камешки-голыши — придают интерьеру особую привлекательность. Большие настенные зеркала без рам, краны, похожие на конструкцию из водопроводных труб, плетеные корзины для белья и мусора завершают картину — примитивную и в то же время необычайно изощренную.

ВВЕРХУ. Строгие линии этой раковины наиболее соответствуют вашему знаку. Личная гигиена имеет огромное значение для Девы, поэтому ваша ванная функциональна и не требует больших усилий при уборке.

Декоративные растения

Растения с архитектурными формами наиболее удачно дополняют стиль Девы. Растения с крупными листьями и эффектные суккуленты, строго говоря, не находятся под покровительством Девы, но прекрасно вписываются в ваш дизайнерский замысел. Ветки ивы, засушенные цветы необычной формы, небольшие вазы с букетами цветов одного вида и яркие экзотические образцы, например Strelitzia, — все это можно использовать в качестве эффектных элементов декора.

Дом Девы: из комнаты в комнату

Дополнительная комната

В доме Девы идеальной дополнительной комнатой будет оранжерея. Сочетание непринужденности, уединенности в окружении растений и непосредственной близости к любимому саду, обилие окон и естественного света — все это делает оранжерею идеальным местом для отдыха в отрешении от всех забот. Вы любите природу, но недостаточно выносливы и закалены, поэтому предпочитаете любоваться ею из надежного укрытия. Среди Дев часто встречаются страстные любители садоводства, и они по достоинству оценят возможность иметь такое место, где можно держать самые нежные растения, а также выращивать рассаду. Здесь найдут применение классические для Девы материалы — плетеная мебель из тростника, ротанга или ивы, натуральное покрытие пола из волокна кокосовой пальмы, джута, сизаля или пеньки. Можно установить вентилятор, чтобы в оранжерее было достаточно прохладно в самые жаркие дни — ведь вы не очень-то любите жару. Простые полупрозрачные римские шторы или шторы, поднимающиеся на шнурках, помогут сохранить в комнате прохладу и защитят от слепящего солнца в самое жаркое время года.

ВВЕРХУ. Вы любите природу, но не настолько, чтобы с энтузиазмом шлепать по грязи в сырую и холодную погоду. Оранжерея — самая подходящая дополнительная комната, откуда вы сможете с полным комфортом созерцать красоты окружающей природы.

Сочетание с другими знаками

Овен
Будучи Девой, вы предпочитаете упорядоченный и органический дизайн, воплощенный в сдержанных, не бросающихся в глаза формах. В противоположность Деве Овен часто стремителен и дерзок, использует искусственные материалы и предпочитает угловатые линии. Вам нужно сохранить свое собственное пространство, иначе вскоре Овен полностью подчинит вас себе. Есть гораздо более подходящие партнеры.

Телец
Телец и Дева — оба знаки земли, поэтому вы легко договоритесь о подходящей цветовой гамме и о гармоничном подборе натуральных материалов. Телец, в отличие от вас, более склонен к роскоши, ваши же вкусы довольно скромны и строги.

Близнецы
Близнецы выводят вас из себя суетливостью, непостоянством взглядов и настроений и неспособностью долго работать над каким-то одним вариантом. Вам совершенно непонятно, почему они не могут выбрать такую привлекательную естественную цветовую гамму и следовать ей в дальнейшем.

Рак
Ваши задачи не во всем совпадают, тем не менее вы достаточно хорошо понимаете стиль друг друга. Например, Дева может не одобрять некоторые мягкие элементы дизайна, характерные для Рака, но по достоинству оценит их практичность, учитывая образ жизни Рака.

Лев
Лев для вас — слишком яркая и неуемная натура. Ваш сдержанный, минималистский подход к интерьеру кажется ему скучным. Единственный способ склонить Льва на свою сторону — это убедить его в том, что ваш минимализм находится в русле самых модных течений. Вскоре он будет всем рассказывать о вашем стиле.

Другие Девы
Казалось бы, два представителя одного и того же знака должны сходиться во мнениях. Однако Дева склонна увязать в деталях. Если сойдутся две Девы, эта их особенность многократно усилится и, к сожалению, может увести в сторону от гармонизации дизайна в целом.

Весы
Дева и Весы отличаются повышенной чувствительностью к эстетической стороне современного интерьера. Может быть, у Девы подход более функциональный и органичный, а у Весов — изысканный, с акцентом на завершающих деталях, но в целом между ними найдется много общего.

Скорпион
Несмотря на кажущееся несходство в подходе к дизайну интерьера, у этих знаков есть нечто общее во взглядах, что может послужить основой для их сотрудничества. В основном это пристрастие к деталям, которым отличаются оба знака.

Стрелец
Дом Стрельца — далеко не образец чистоты и порядка, и это не предвещает хорошего отношения к нему Девы. Дева прекрасно разбирается в деталях, Стрелец — в более глобальных проблемах. В принципе они могут ужиться вместе, но только если каждый будет заниматься своим делом.

Козерог
Козерог честолюбив и решителен, ставит перед собой цели на годы вперед и упорно стремится к ним. Дева вполне может оценить важность воплощения его идеалов. Вы будете вместе обсуждать планы обустройства дома, а затем терпеливо работать над их реализацией.

Водолей
Скромные, осмотрительные и консервативные Девы вряд ли найдут много общего с необузданными и эксцентричными Водолеями. Однако в связи с тем, что близкие Девам упрощенные линии вошли в моду в современном дизайне, между ними может возникнуть гораздо больше точек соприкосновения, чем кажется на первый взгляд.

Рыбы
Дева и Рыбы находятся в противоположных точках зодиака. Хотя с астрологической точки зрения два противоположных знака испытывают взаимное притяжение, в данном случае это правило вряд ли применимо. В отношении Рыб к жизни, к устройству жизненного пространства и оформлению дома слишком много неорганизованности и беспорядка, чтобы бедная Дева чувствовала себя комфортно.

Весы
23 сентября — 22 октября

Приоритеты: уравновешенность, красота, контраст, гармония, покой, выдержка.

Типичные Весы

Весы — известные миротворцы. Они любят жить в обстановке изысканности и красоты. Как правило, они уравновешенны, обладают легким характером, общительны, умеют быть демократичными. Один из самых больших недостатков — нерешительность. Весы реализуют свои возможности в тесном взаимодействии с другими. Обычно это касается брачных или других близких отношений, но тесные дружеские и служебные контакты тоже помогают.

На практике тяга Весов к совместной деятельности выражается по-разному. Межличностное взаимодействие возникает либо на основе сотрудничества, либо на основе соперничества. Поэтому многие представители Весов, по крайней мере поначалу, предстают весьма далекими от того образа сердечного, душевного человека, который традиционно ассоциируется с этим знаком. Им больше соответствуют такие эпитеты, как агрессивный и готовый к противоборству. Правда, в конечном счете результат получается одинаковым: Весам удается склонить партнера на свою сторону.

Дом Весов

Весы, которым покровительствует Венера, — знак, наиболее тесно связанный с дизайном интерьера. Весам присуще стремление окружать себя красивыми вещами, поэтому естественно предположить, что их дом будет верхом совершенства с точки зрения оформления интерьера. Однако в жизни Весы предпочитают спокойную жизнь и гедонистический подход к ней. Кроме того, у них сильно выражена такая черта, как нерешительность. Все эти особенности Весов приводят к тому, что их дом представляет собой хаотичное и не очень привлекательное смешение самых разных стилей. Случайные украшения, не объединенные идеей, создают впечатление захламленности. Поэтому, приступая к обустройству дома, Весам необходимо определить для себя четкую тему декора.

Весы ассоциируются с Востоком. Учитывая это, можно использовать в качестве основной темы наиболее эффектные элементы дизайна домашних интерьеров, характерных для этой части света. Ориентализм

Типичные черты

Благоприятные
Дипломатичный • общительный • утонченный • уравновешенный • обаятельный • культурный • приятный • с легким характером

Менее благоприятные
Нерешительный • легковерный • легкомысленный • непостоянный • слабый • двуличный • часто идущий на компромисс • любящий спорить

Ассоциации

Символ Весы

Планета-покровитель Венера

День недели Пятница

Счастливые цвета Розовый, большинство оттенков голубого и светло-зеленый

Счастливое число Шесть

Камень Жадеит (или нефрит), сапфир, бирюза, кварц и белый мрамор

Металл Медь

Цветы Гортензия, крупные розы, лилии, фиалки и все цветы с голубой окраской

Деревья и кустарники Ясень, бальзамник, тополь и виноград европейский

Страны и регионы Аргентина, Австрия, Бирма, Канада, Китай, Япония, Сибирь и Тибет

Города Антверпен, Копенгаген, Франкфурт, Йоханнесбург, Лиссабон, Ноттингем и Вена

Лучшие партнеры Овен, Водолей и Близнецы

Худшие партнеры Рак и Козерог

Десять ключевых факторов
- гардеробы
- гости
- декор интерьера
- контраст
- мода
- просторные комнаты наверху
- спальни
- туалетные столики
- цветы
- ювелирные украшения

Цветы

Контраст

ВВЕРХУ. Весы связаны с Востоком, и все родившиеся под этим знаком в душе эстеты. Будучи по натуре нерешительными, они высоко ценят жесткие правила, которые диктует восточный дизайн.

предполагает просторный, холодноватый и строгий интерьер. Кроме того, он обладает ярко выраженной эстетической притягательностью.

Знак воздуха

Весы, будучи знаком воздуха, придерживаются преимущественно интеллектуального подхода к жизни. Подобно другим знакам воздуха, они придают большое значение человеческим взаимоотношениям. Для Весов нет ничего лучше, чем непринужденный обед с самыми близкими друзьями. Представители этого знака — прирожденные дизайнеры с прекрасным вкусом и тонким чувством цвета и формы, тем не менее они всегда недовольны результатом своей работы, если не могут разделить радость творчества с другими. Планирование и осуществление планов в одиночку наводит на них тоску.

В верхних комнатах много воздуха | Декор интерьера | Мода

Дом Весов: из комнаты в комнату

Вход в дом

Декорированный в традициях разных восточных стилей, вход в идеальный дом Весов вызывает ощущение спокойствия, чистоты и душевного равновесия. Ориентальные мотивы уместны в любом современном доме. Что касается более старых зданий или домов в сельском стиле, использование этих мотивов потребует новых решений.

Чтобы сделать переход с улицы в дом более плавным, начните с оформления пространства вокруг входной двери. Восточный орнамент и колокольчики, оригинальные скульптуры и продуманное использование гравия, камня или воды, карликовые хвойные деревья, бонсай в горшках или японский клен — все это помогает создать нужное настроение и подготовить посетителя к тому, что ему предстоит увидеть в доме.

Во внутреннем убранстве царит минимализм, мебель низкая, аксессуары немногочисленны. В тех местах, где обычно скапливается много вещей, предусмотрено такое нехитрое приспособление, как ширма, которая не позволяет испортить впечатление простоты и строгости.

Жилые помещения

Ориентализм в интерьере — это сочетание очень светлых стен с очень темной мебелью, что создает необычайно эффектный контраст. Следовательно, в вашем идеальном доме стены будут просто загрунтованы и выкрашены в белый цвет или в белый с желтоватым или сероватым оттенком. Кое-где можно повесить картину или панно, развивающее восточную тему. Зеркала, размещенные в темных уголках, — попытка воплощения принципов фэн-шуй. Если возникает ощущение безжизненности, можно оживить цветовую гамму бледно-розовым, зеленым или голубым тонами.

Пол должен быть покрыт натуральным материалом. Идеально подходят обработанные лаком половицы или маты из натуральных материалов — волокна кокосовой пальмы, пеньки, джута и сизаля. Тому, кто не мыслит дома без ковров, следует выбрать ковер естественных тонов с тканой или рубчатой текстурой.

Картину довершает мебель из темного дерева: низкие столики из венге или черного ясеня, стулья из стали и черного пластика или из черной кожи. К спокойному отдыху располагает диван с простой белой обивкой и декоративными подушками в контрастных тонах.

Полы

Обычно вы отдаете предпочтение натуральному покрытию. Самый простой вариант — дерево: шлифованная и покрытая лаком половая доска, крашеная половая доска и, наконец, настоящий бамбуковый ламинат. Уместны также покрытия из натуральных материалов — волокна кокосовой пальмы, пеньки, джута, морской руппии и сизаля. В ванной и кухне удобен натуральный сланец или его синтетический заменитель.

ВВЕРХУ. Творческое использование восточной символики помогает подготовить гостя к вхождению в новый мир дизайна и формы. Той же цели служат колокольчики и зеленые насаждения перед входом.

Ткани и обои

Чаще всего обои не для вас. Стены должны быть просто загрунтованы и покрашены обычной белой, желтоватой или сероватой эмульсионной краской. Чтобы придать интерьеру бо́льшую выразительность, их украшают панно, напоминающими о Дальнем Востоке; материалом для них служит шелк, особенно близкий Весам и характерный для украшений такого рода. В этом интерьере великолепно смотрятся такие натуральные ткани, как хлопок и лен, с узором, в котором использованы природные мотивы.

Освещение

Весы предпочитают мягкое, романтичное освещение. Восточный стиль предоставляет для этого широкие возможности: бумажные фонарики в доме и бумажные экраны на окнах, рассеивающие яркий дневной или искусственный свет. Этой же цели служат жалюзи из некрашеной ткани или прямые полотнища прозрачной ткани и свободно ниспадающие кисейные занавески. Прекрасно дополняют обстановку напольные источники света, гармонирующие с простым убранством помещения.

Кухня

Символ знака — весы с двумя чашами, что подразумевает постоянные поиски компромисса между двумя крайностями. Поэтому двухцветная гамма, которую вы использовали в интерьере гостиной, где необыкновенно выразительный эффект достигается за счет контраста между светлым и темным, находит успешное применение и в вашей кухне. Пол здесь также может быть деревянным, но его следует обработать герметиком, чтобы он стал водостойким. Для тех, кто хочет во всем придерживаться ориентального стиля, оптимальным вариантом

ВВЕРХУ. Весы все время стремятся привести в равновесие противоположные взгляды.
В дизайне это приводит к интересным результатам. Пример тому — кухня Весов, где все построено на контрасте.

Дом Весов: из комнаты в комнату

будет бамбуковый ламинат: он лучше выдерживает условия кухни, чем большинство аналогичных видов деревянного покрытия. Прекрасный выбор — черная сланцевая плитка, контрастирующая с белыми стенами.

Сланец или гранит и их синтетические заменители идеальны и для кухонных рабочих поверхностей. Картину дополняет мебель из натурального темного дерева, бамбука или белого ламината — в зависимости от решения остальных элементов интерьера. Общее впечатление довершают контрастный чернобелый фарфор, облицовочная плитка на стенах и аксессуары.

Спальня

Главное в интерьере вашей спальни — простота. Для продолжения восточной темы идеально подходит футон или более привычный матрас, помещенный на очень низкий каркас без изголовья. Единство интерьера спальни и других жилых помещений дома подчеркивает покрытие пола из натурального дерева или бамбукового ламината. Если вам хочется разнообразия, можно использовать покрытие из натурального волокна. В иных случаях уют создают простые коврики с ярким орнаментом и рубчатый ковер. В этом контексте смело смотрится деревянный пол, выкрашенный в белый цвет.

Мебели в спальне должно быть как можно меньше. В таком интерьере уместны простые плетеные стулья, столы и другие предметы из ротанга, деревянные или тростниковые жалюзи на окнах. Мягкая мебель, вычурные кресла и шкафы не вписываются в минималистский интерьер. Для хранения вещей можно использовать корзины из сизаля.

Ванная комната

Восточную тему в ванной комнате наиболее удачно продолжает встроенная в пол большая ванна, где можно вытянуться во весь рост и от души понежиться. Подобные радикальные дизайнерские решения осуществимы не в каждом доме, но можно найти компромисс, удовлетворившись простой низкой ванной, куда спускаются по ступенькам, намеренно сделанным так, чтобы они находились в центре внимания. Наиболее подходящий материал для пола — дерево, бамбуковый ламинат, плиты из сланца или его синтетического

ВВЕРХУ. Использование простой черно-белой гаммы помогает выделить контрастирующие крайности. Кровать-футон и покрытие пола из натурального волокна продолжают в спальне ориентальную тему, которая пронизывает жилище Весов.

Предметы искусства и украшения

Минимализм предоставляет широкие возможности в использовании предметов искусства и разных украшений. Как прекрасные картины, смотрятся образцы китайской каллиграфии, вставленные в рамы, или эффектные панно, на которых изображены орхидеи, цветки лотоса или стебли бамбука. Чтобы придать интерьеру бóльшую выразительность, хороша тщательно подобранная по стилю керамика в черно-белых или контрастирующих тонах. Однако украшений не должно быть много — иначе минимализма не получится.

заменителя — в зависимости от того, как этот вопрос решен в остальных частях дома. Все эти материалы эффектно контрастируют с уже привычными нам белыми стенами. Те, кто стремится к большему разнообразию, могут использовать гладкий известняк или керамическую плитку. Мебель для ванной выполнена из темного дерева или бамбука, белой керамики или искусственного гранита. Бумажные ширмы, перегородки из бамбука или морской руппии скрывают беспорядок.

ВВЕРХУ. Сплошная облицовка стен и пола светлыми плитами из дерева или бамбукового ламината — эффектная альтернатива традиционной отделке. Несколько аксессуаров придают помещению явный восточный колорит.

Дом Весов: из комнаты в комнату

> **Декоративные растения**
>
> Лилии и сенполии управляют Весами и при продуманном расположении прекрасно украшают интерьер. Главной линии дизайна вашего дома соответствуют орхидеи, голые красные стебли дерена, стебли бамбука и парочка деревьев бонсай. Особенно эффектны в виде бонсай клен дланевидный или вечнозеленое хвойное дерево.

СЛЕВА. Строгие правила выбранного Весами стиля предполагают наличие вместительных шкафов для хранения вещей. Большинство Весов следят за модой, поэтому обязательным элементом интерьера должен быть большой гардероб.

Дополнительная комната

Минимализм Востока подходит Весам во многих отношениях. Он дает четкие ориентиры человеку, который неравнодушен к красоте, но испытывает большие трудности с принятием решений. При такой жесткой схеме выбор ограничен, к тому же не потребуется никаких компромиссов с эстетической точки зрения.

Единственная проблема состоит в том, что вы неравнодушны к одежде. Весы — знак, ассоциирующийся с модой и ювелирными украшениями. В их ведении находятся туалетные столики, косметика и гардеробы. Куда же их поместить в таком четко организованном и упорядоченном интерьере? Ответ прост: гардеробная — оптимальный для Весов вариант дополнительной комнаты.

Гардеробная — это помещение с перекладинами и крючками для одежды, ящиками для мелких вещей и множеством вместительных полок для всякой всячины. Надежно укрывшись за простой белой или отделанной контрастными черными филенками дверью, вы можете спокойно выбрать то, что нужно, и не наводить порядок, если нет настроения. В то же время в доме будет красиво и прибрано.

Сочетание с другими знаками

Овен
Прекрасный партнер. Весы помогают Овну спокойнее относиться к жизни и не браться за все сразу. Овен же вдохновляет Весы своей уверенностью и исключительной активностью. Кроме того, Весы помогают сглаживать углы в довольно жестком дизайне Овна.

Телец
Хотя оба находятся под покровительством Венеры и, следовательно, наделены прекрасным вкусом, Телец прежде всего озабочен личным комфортом, тогда как Весы больше интересует красота и взаимоотношения с другими людьми. Между этими знаками есть существенные различия, касающиеся выбора декора и дизайна интерьера.

Близнецы
Весы и Близнецы имеют одинаковые взгляды на многие принципы дизайна, правда, временами вам может казаться, что Близнецы расходуют свою энергию несколько бессистемно. А Близнецы считают, что вы слишком закоснели в своих взглядах. Отсюда следует, что вам есть чему поучиться друг у друга.

Рак
Вы восхищаетесь Раком за его почитание семьи и преданность домашнему очагу, однако его несколько вычурный и традиционный стиль вам определенно не подходит. Тем не менее вы можете по достоинству оценить его участие в создании благоприятной семейной обстановки. Это та основа, которая поможет вам сблизиться.

Лев
Весы и Лев — благоприятное сочетание: Весы с обожанием воспринимают решения Львов, касающиеся декора, а Львы нежатся, окруженные вниманием, которого они, по их мнению, безусловно, заслуживают. Если к тому же Лев будет поощрять Весы к развитию их собственных декораторских талантов, этот союз может стать идеальным.

Дева
Между вами много общего, поскольку вам обоим нравится элегантный минимализм. Однако Дева, на ваш вкус, несколько приземлена, а ваш стиль может показаться ей слишком цветистым. Тем не менее у вас остается достаточно точек соприкосновения.

Другие Весы
Прекрасное сочетание с эстетической точки зрения, но далеко не лучшее в отношении принятия решений. Что предпочесть для пола — ковер или натуральное покрытие? Может быть, лучше последнее, но тогда какое выбрать — из волокна кокосовой пальмы, пеньки, джута, сизаля или морской руппии? С другой стороны, очень хороши шлифованные половицы, а керамическая плитка ... она же великолепна, не правда ли?

Скорпион
У Весов и Скорпиона мало общего. Весы предпочитают простые дизайнерские решения, позволяющие избежать хаоса в жизни. У Скорпиона взгляды прямо противоположные: ему нравится интригующий дизайн, для которого типичны вычурный декор и масса укромных уголков. Возможно, положение спасут отдельные комнаты?

Стрелец
Весы и Стрелец хорошо уживаются вместе, хотя Стрелец, может быть, слишком неопрятен и неорганизован с точки зрения Весов, отличающихся утонченным вкусом. Стрелец — простая душа, но поддержание безупречной чистоты никогда не было его сильной стороной.

Козерог
Вы готовы попробовать разные идеи со всех концов света и оценить, какое благотворное влияние на традиционные стили могут оказать другие культуры. Козероги кажутся вам слишком мрачными и суровыми, в том числе и с точки зрения их консервативного подхода к дизайну интерьера.

Водолей
Будучи знаком воздуха, вы прекрасно понимаете, что необычные, иногда революционные идеи являются движущей силой последних веяний в моде, дизайне и производстве строительных материалов. Водолей постоянно генерирует свежие идеи и всегда готов к новым начинаниям. Хороший союз.

Рыбы
И Весы, и Рыбы — ценители красоты, хотя ваш эстетический вкус предопределяется пристрастием к более четким и практичным линиям. Разумеется, вы понимаете, как великолепны летящие полупрозрачные ткани — кисея или муслин. Но жить в этой красоте постоянно изо дня в день? Вряд ли она того стоит.

Скорпион
23 октября – 21 ноября

Приоритеты: уединение, глубина, скрытность, страстность, полное обновление.

Типичный Скорпион

Скорпионы — натуры глубокие и сильные, обладающие интуицией, эксцентричные и очень закрытые. Они исключительно наблюдательны и проницательны, хорошо разбираются в человеческой природе. Могут стать и лучшими друзьями, и злейшими врагами. Не колеблясь, поддержат в беде коллегу по работе, но если их разозлить, способны на страшную месть. Скорпионы со всей страстью отдаются выбранному делу, посвящая ему все свои силы и время.

Они пользуются репутацией сексуально активных личностей, но ужасные ревнивцы и собственники. Однако с тем же успехом они могут полностью отказаться от сексуальной жизни, намеренно избегая подобных встреч из боязни поддаться сильным чувствам, которые могут целиком ими завладеть. Скорпионы бывают и пылкими, как огонь, и холодными, как лед. Наделенные таким же впечатлительным, эмоциональным характером, как и все знаки воды, они отличаются от остальных тем, что лучшим способом защиты считают нападение.

Дом Скорпиона

Скорпион — знак, особенно близко ассоциируемый с тайной, интригой или секретностью, и это часто сказывается на его выборе домашней обстановки. Он дорожит своим уединением, и, если вас пригласили в гости, вы должны воспринимать это как великую честь. Минималистский стиль в оформлении дома этому знаку не подходит. Войти в комнату и, охватив ее беглым взглядом, сразу все подметить и оценить — не слишком привлекательная ситуация для пытливой натуры Скорпиона.

Скорпион предпочитает более интересный интерьер, где много вещей ручной работы оригинальной формы и текстуры, а комната или весь дом поделены на более мелкие помещения самого разного назначения. Ощущение разнообразия и интриги возбуждает Скорпиона, стимулирует его интерес к окружающему. В его характере творческий подход к использованию света и тени. Скорпионам близки темнота и ночь, поэтому даже в дневное время многие уголки дома освещены довольно скудно. Темнота возбуждает любопытство и подталкивает к дальнейшим исследованиям.

Типичные черты

Благоприятные
Глубокий • с сильными чувствами • решительный • влиятельный • преданный • проницательный • обладающий интуицией • утонченный

Менее благоприятные
Ревнивый • злопамятный • мстительный • скрытный • подозрительный • безжалостный • с извращенным умом • злобный

Ассоциации

Символ Скорпион

Планета-покровитель Плутон

День недели Вторник

Счастливые цвета Темно-красный, темно-бордовый и коричневый

Счастливое число Девять

Камень Опал, рубин и гелиотроп

Металл Железо и сталь

Цветы Вереск, темно-красные цветы, особенно герань и рододендроны

Деревья и кустарники Терновник, вообще все колючие кустарники

Города и регионы Бавария, Корея, Марокко, Норвегия, Квинсленд, Сирия и Трансвааль

Города Балтимор, Цинциннати, Ливерпуль, Ньюкасл, Новый Орлеан и Вашингтон, округ Колумбия

Лучшие партнеры Рак, Телец и Рыбы

Худшие партнеры Близнецы, Лев и Водолей

Десять ключевых факторов
- аромат
- ванные комнаты
- головоломки
- обновление
- очистка
- повторное использование
- пруды
- синтетические материалы
- темнота
- туалеты

Аромат

Темнота

Знаки зодиака

Знак воды

Скорпиону присущи те же эмоциональные качества, что и всем знакам воды. Вы отличаетесь субъективностью в суждениях, руководствуетесь эмоциями, обладаете развитой интуицией, вас ни в коем случае нельзя назвать ограниченным человеком. Однако до открытия планеты Плутон в 1930 году считалось, что этот знак находится под покровительством Марса, что указывало на более «пламенное» и активное отношение к жизни, отличающее Скорпиона от других знаков воды.

Что касается цветовых ассоциаций, то Скорпиону очень близки яркие, огненные тона, такие, как темно-красные и темно-бордовые, которые он предпочитает голубым и зеленым. Скорпион также отдает предпочтение интерьеру с ярко выраженной основной темой.

ВВЕРХУ. Для дома Скорпиона идеально подходит великолепие и роскошь, характерные для интерьеров Северной Африки и Ближнего Востока, с приглушенным освещением, создающим уголки, где царят полумрак и таинственность.

Синтетические материалы

Ванные комнаты

Очищение

Дом Скорпиона: из комнаты в комнату

Вход в дом

Жилище Скорпиона иногда непросто отыскать, а найдя его, гости обнаруживают, что оно буквально сливается с окружающей средой. Рожденные под этим знаком помешаны на неприкосновенности своей частной жизни, поэтому их дом бывает отгорожен от любопытных взглядов забором или живой изгородью или расположен в конце длинной подъездной аллеи. Даже в дневное время в доме часто опущены шторы. Внешне дом оформлен так, чтобы гармонично вписываться в окружающую среду. Он оснащен мощной системой сигнализации, предупреждающей незваных гостей о пагубных последствиях их вторжения. Другое решение проблемы, которое мы не очень рекомендуем: не ухаживать за фасадом дома, не трогать буйные заросли ежевики, чтобы дом производил впечатление нежилого.

Гостиная

Войдя в дом, гости попадают в совсем иной мир. Это убежище, где царят таинственность, где ощущается атмосфера сказок «Тысяча и одна ночь». За тяжелыми портьерами из рельефной ткани, украшенными ручной вышивкой, господствует дух Северной Африки и Ближнего Востока с элементами, напоминающими интерьеры домов в Марокко, Тунисе, Египте, Турции и Ливане.

Пол застлан коврами с орнаментом в берберских или бедуинских традициях, стены увешаны турецкими килимами и похожими на них толстыми экзотическими гобеленами. Низкий столик, нарядная кушетка и гармонирующий с ними застекленный шкафчик или буфет выполнены из старого темно-коричневого дерева — тика, красного

Ткани и обои

Любимые ткани Скорпиона — плотные, рельефные. Стены лучше покрасить или завесить гобеленами и панно с этническими мотивами. Бескомпромиссность Скорпиона диктует использование грубых оштукатуренных поверхностей; учитывая его желание докопаться до самой сути вещей, их можно даже не красить. Ткани должны выглядеть богато, но не бросаться в глаза. Смелые геометрические узоры, иногда с включениями драгоценных камней, особенно точно соответствуют североафриканской теме.

СЛЕВА. Дом Скорпиона зачастую скрыт густой растительностью. Продуманный художественный беспорядок насаждений и мощные ползучие растения прекрасно маскируют здание, которое органично вписывается в окружающую среду.

дерева и ироко — и украшены замысловатой резьбой.

Некоторые из этих вещей, по-видимому, старинные и очень редкие. В их дизайне привлекает внимание резьба по дереву. Кушетка сулит полное расслабление среди больших роскошных подушек разнообразной, но сдержанной расцветки. Уместны нарядные кожаные пуфы, декорированные вручную. В комнате множество других украшений, например большой декоративный кальян.

Полы

Покрытие пола может быть двух типов. В таких помещениях, как кухни и ванные, это терракота, глиняная плитка ручной работы из Средиземноморья или эффектная плитка, расписанная вручную, с ярким геометрическим орнаментом. В остальных помещениях предпочтительны толстые ковры в этническом стиле или килимы. Цветовая гамма та же — густые, насыщенные оттенки красного, темно-бордового и коричневого.

ВВЕРХУ. Кухня Скорпиона вмещает множество занимательных этнических артефактов, происходящих из малодоступных уголков земного шара. Они неизбежно приковывают внимание и будят любопытство.

Освещение

Освещение в доме Скорпиона мягкое, неяркое. Дневной свет едва пробивается через окна, прикрытые плотными шторами из рельефной ткани и импровизированными драпировками, деревянными ставнями и жалюзи в этническом стиле. По возможности используются свечи. Фонари со всего мира из орнаментального стекла, кованого железа, меди и серебра усиливают завораживающий эффект.

Кухня

Скорпион не придает еде большого значения, долгое время он может вообще обходиться без пищи. Поэтому вряд ли кухня в доме Скорпиона будет занимать центральное место. Тем не менее она должна быть оформлена так, чтобы не выбиваться из общего стиля. Простая деревянная кухня в умеренных тонах будет наиболее удачным компромиссом между желанием создать дружественную атмосферу

Дом Скорпиона: из комнаты в комнату

и избежать неприятных хлопот по уходу. Минимализм не рекомендуется, обстановка должна быть уютной, богатой цветовой гаммы и с обилием укромных уголков.

Если кухня просторная, хорошо поставить в ней стол и стулья из дерева умеренных или темных тонов: это будет располагать к общению и более длительному пребыванию на кухне. Здесь можно развесить этнические артефакты, например бутыли из тыквы, корзины или резную деревянную кухонную утварь. Подчеркивают этнические мотивы кафельные плитки над мойкой, расписанные вручную с использованием абстрактных исламских мотивов.

Спальня

Богатство и роскошь весьма уместны в вашей спальне. Поскольку знак связан одновременно и со страстностью, и со склонностью к уединению, спальня приобретает особенно важное значение. Кровать — главное украшение спальни. Лучше, если это будет просторное ложе с четырьмя высокими столбиками. Кровать может быть снабжена пышным

Предметы искусства и украшения

Этнические артефакты очень соответствуют характеру Скорпиона. Постарайтесь развесить и расставить украшения везде, где есть свободное местечко, чтобы комната напоминала сказочную пещеру Аладдина. Например, подумайте, как лучше распорядиться ручными и ножными браслетами, связками миниатюрных серебряных колокольчиков и маленькими экзотическими статуэтками. Идеальные аксессуары — каменные или керамические курильницы для фимиама, зеркала в медных или оловянных рамах. Картину довершает пара больших декоративных ваз в форме урны.

СЛЕВА. Скорпион — страстный знак, который ценит уединение, он часто ассоциируется с сексом. Спальня становится для вас местом, где вы можете получить чувственное удовольствие, используя освещение, цвет, текстуру и ароматы.

СПРАВА. Будучи знаком воды, вы скорее предпочитаете ванну, чем душ. Вам нравится подолгу наслаждаться в ванне с благовониями, особенно в темноте или при свечах.

балдахином из бархата, атласа или шелка темно-красного, темно-бордового и коричневого цветов. Можно обойтись и диван-кроватью с высоким резным деревянным изголовьем, особую роскошь придадут ему экстравагантная обивка и шелковые или атласные валики.

В качестве необычной импровизированной гардины можно использовать яркое сари, красиво перекинув его через штангу карниза. Идеально подходят для вашей спальни резной деревянный прикроватный столик или большой деревянный комод из дерева темных тонов и, конечно, восточные коврики на полу. Стеклянные или металлические светильники в индийском или арабском стиле дают мягкий рассеянный свет, соответствующий этому экзотическому интерьеру.

Ванная комната

Скорпион связан с ванной и туалетом особым образом: для представителей этого знака очень важно все, что имеет отношение к очищению организма. Поскольку Скорпион — знак воды и предпочитает нежиться в ванне, а не наскоро принимать душ, ему необходимо нечто особенное. Представьте себе высокую ванну на гнутых ножках или французскую ванну XIX века на рифленых или когтеобразных ножках, достаточно длинную, чтобы в ней можно было вытянуться во весь рост.

Для этого помещения выложенный плиткой пол — самый подходящий вариант, вы можете наслаждаться водными процедурами, не думая о залитом водой поле. С вашей цветовой гаммой гармонирует облицовка плиткой из терракоты. Можно также использовать эффектную плитку с абстрактным или геометрическим орнаментом, выполненным вручную. Освещение должно быть рассеянным и неярким. В этом интерьере идеальны ставни или жалюзи в этническом стиле, прикрывающие окна, и, конечно, зажженные свечи ночью.

Декоративные растения

Что касается растений, то у Скорпиона много общего с Овном, поскольку до недавнего времени считалось, что этим знакам покровительствует Марс. Однако для дома Скорпиона необходимы несколько иные растения, ведь им придется существовать в условиях слабой освещенности. Поэтому идеальными будут комнатные растения с крупными зелеными листьями — аспидистра или комнатная пальма. С другой стороны, растения-хищники, подобные дионее, или венериной мухоловке, или сарацении, наверняка покажутся привлекательными Скорпиону с его врожденным пристрастием ко всякой жути.

Дом Скорпиона: из комнаты в комнату

Дополнительная комната

Помня о склонности Скорпиона к таинственности и скрытности, ассоциации с мифологическим подземным миром и любви к темным укромным уголкам, легко представить, что идеальной дополнительной комнатой для вас будет похожий на пещеру погреб. Он совсем не похож на подвал. Подвал можно утеплить, установить яркое освещение и даже обставить мебелью и приспособить для проживания. Погреб же должен быть темным и холодным, без всякой отделки, это место, где много потайных закоулков и царит атмосфера тени и интриг.

В этом помещении грубые стены, сложенные из камня или кирпича, каменный пол, и в нем могут быть одна-две арки. Освещение скудное — только редкие одиночные голые лампочки. Для создания более впечатляющей атмосферы погреб Скорпиона может быть освещен свечами или горящими факелами, однако этот вариант слишком пожароопасен. Здесь вы можете спокойно заниматься своими личными делами вдали от любопытных глаз. Речь не идет о чем-то предосудительном, просто вам не хочется привлекать к ним лишнее внимание.

ВНИЗУ. Скорпион связан с тем, что недоступно глазу, находится где-то в подполье. Похожий на пещеру погреб — идеальное дополнительное помещение, где естественное освещение совсем необязательно.

Сочетание с другими знаками

Овен
Оба эти знака раньше находились под покровительством Марса, поэтому у них общие ассоциации, касающиеся цветовой гаммы, металлов, растений и тому подобного. Но этим сходство и ограничивается. И Скорпион, и Овен — сильные натуры, даже если они и приходят к какому-то согласию, то оно длится недолго.

Телец
Эти знаки совместимы и, хотя их декоративные решения могут показаться разными, могут успешно сочетаться друг с другом. Телец — любитель роскоши, а Скорпион питает пристрастие к этническим мотивам, поэтому вы можете заменить мебель в западном стиле богато украшенными резьбой кушетками с атласными валиками.

Близнецы
Эти знаки могут прийти к согласию по поводу деталей, поскольку оба являются «мастерами отделочных работ». Однако Близнецы настолько непостоянны, что вскоре начинают безумно раздражать Скорпиона. Что касается более важных вопросов, лучше дать друг другу свободу выбора. Согласиться с правом на различия — наиболее разумная политика для этой пары.

Рак
Мотивация этого знака вам близка и понятна. Вы оба стремитесь превратить свой дом в надежное убежище, где можно укрыться от остального мира. Правда, у вас разный подход к решению этой задачи, но взаимопонимание в основных вопросах предоставляет широкие возможности для компромисса.

Лев
Львы любят блистать. Стремление Скорпиона к уединению охлаждает присущий Льву пыл. С другой стороны, стремление Льва привлечь к себе внимание разрушает основные принципы Скорпиона. Это не очень удачный союз.

Дева
Скорпион и Дева могут счастливо жить вместе, хотя не исключены некоторые трения, поскольку Скорпион — натура страстная, а Дева — холодная и рациональная. Хорошей отправной точкой может послужить общий интерес к текстуре: Дева питает пристрастие к вещам из натуральных волокон, а у Скорпиона сильно развито чувство осязания.

Весы
Скорпион и Весы хорошо уживаются друг с другом: при необходимости Весы могут быть такими милыми и обаятельными, что поладят с кем угодно. Однако если вначале любимый Скорпионом витиеватый стиль оформления интерьера приводит Весы в восхищение, то впоследствии эта перегруженность деталями начинает их утомлять.

Другие Скорпионы
Два Скорпиона способны создать волшебную, зачаровывающую среду обитания, напоминающую пещеру Аладдина. Вероятно, их дом будет более похож на арабское жилище, чем на дом среднего европейца. Он наполнен ароматами экзотических благовоний и таинственным, чарующим светом.

Стрелец
Скорпиону близок стиль, сочетающий органические и этнические элементы. Стрельцы — заядлые путешественники, и у них всегда скапливается масса необычных сувениров со всего мира. С точки зрения стиля эти знаки имеют много общего, что поможет им преодолеть разногласия личного характера.

Козерог
Вы вполне можете ужиться друг с другом, несмотря на некоторое несходство декоративных стилей. Скорпион более склонен к рискованным решениям, чем Козерог. Однако как только Козерог поймет, какое глубокое впечатление производят результаты ваших усилий на гостей, он наверняка станет оказывать вам поддержку в ваших начинаниях.

Водолей
Поначалу Водолей будет в восторге от идей Скорпиона, но в дальнейшем подобный интерьер может вызвать у него боязнь замкнутого пространства. В свою очередь, Скорпион не в состоянии понять тягу Водолея к постоянным переменам, ему чужд любимый Водолеем легкий современный стиль.

Рыбы
Скорпион и Рыбы — представители стихии воды, поэтому обычно прекрасно понимают друг друга. Рыбы ценят руководящую роль Скорпиона в декорировании и дизайне. Со своей стороны, Скорпион с благожелательным снисхождением относится к склонности Рыб ко всему непостижимому, таинственному и чудесному.

Стрелец
22 ноября – 21 декабря

Приоритеты: свобода, экспансия, изобилие, обучение, путешествия.

Типичный Стрелец

Стрельцы — натуры, полные оптимизма, экспансивные, дружелюбные и жизнерадостные, большие любители путешествий. Они с удовольствием расширяют свой кругозор: много читают, общаются с представителями разных слоев общества и разных профессий. Этот знак особенно тесно связан с сельской местностью, поэтому все Стрельцы любят свободу и открытое пространство и ненавидят любые ограничения. Чтобы дать выход кипучей энергии, им рекомендуются занятия спортом и активный отдых на природе. Пешие походы, велосипедные прогулки и верховая езда — эти виды активного отдыха особенно подходят для знака, традиционно ассоциирующегося с такой частью тела, как бедро.

Стрельцы — доверчивые идеалисты, ожидающие только хорошего от жизни и окружающих. Часто их постигают обиды и разочарования, но они быстро приходят в себя и с энтузиазмом устремляются к новым далеким горизонтам. Возможно, кому-то они покажутся туповатыми, невежественными и не слишком тактичными, но честность и открытое беззаботное отношение к жизни подкупают и заставляют поверить, что и в самом деле, что ни делается, все к лучшему.

Дом Стрельца

Важно не забывать о традиционной ассоциации Стрельца с сельской местностью. Стрельцы любят простор, им необходима свобода движения. Они не терпят ни физических, ни эмоциональных ограничений, им не по нраву жить в стесненных условиях, в замкнутом пространстве. Большой дом в деревне для Стрельцов гораздо ближе, чем дом в большом городе, где неизбежно возникают всякие препятствия и ограничения.

Определенный период жизни Стрельцов бывает связан с городом, который предоставляет более широкие возможности в выборе занятий и развлечений. Однако в долгосрочном плане более привлекательным представляется спокойное, уютно захламленное и слегка обветшавшее уединенное загородное жилище. Оно как нельзя лучше соответствует их экспансивной и беспечной натуре. Слишком стилизованный или минималистский стиль, требующий постоянного внимания к деталям, очень скоро может довести их до безумия.

Типичные черты

Благоприятные

Жизнерадостный • оптимист • терпимый • свободолюбивый • любящий приключения • философски относящийся к жизни • честный • искренний

Менее благоприятные

Не слишком тактичный • небрежный • грубоватый • неуклюжий • безрассудный • неопрятный • склонный к преувеличениям

Ассоциации

Символ Лучник (Кентавр — более поздний персонаж из классической мифологии)

Планета-покровитель Юпитер

День недели Четверг

Счастливые цвета Темно-синий, фиолетовый и пурпурный

Счастливое число Три

Камень Топаз и аметист

Металл Олово, пьютер (сплав олова со свинцом) и платина

Цветы Аспарагус, гвоздика садовая, одуванчик

Деревья и кустарники Ясень, береза, липа, шелковица и дуб

Страны и регионы Австралия, Чили, Венгрия, Саудовская Аравия, Сингапур, Южная Африка и Испания

Города Будапешт, Неаполь, Ноттингем, Шеффилд, Сандерленд, Штутгарт и Торонто

Лучшие партнеры Овен и Лев

Худшие партнеры Дева и Рыбы

Десять ключевых факторов

- долговечность
- исследование
- книги
- личное пространство
- лошади
- образование
- религия
- сельская местность
- спорт
- философия

Книги

Сельская местность

Знак огня

Так же как и для других представителей этой стихии, для Стрельца характерны активность, инициативность и кипучая энергия. Постепенно переходя от одного знака зодиака к другому, можно заметить эволюцию в глубине и сложности натуры, с которыми ассоциируется каждый знак. Когда очередь доходит до Стрельца, логично ожидать характер с более выраженной интеллектуальной составляющей.

Стрелец ассоциируется с темно-синим, фиолетовым и пурпурным тонами. Можно наблюдать, как синий цвет занимает все больше места в палитре стихии огня. Синий цвет соответствует также стихии воздуха и олицетворяет логику, интеллект и рассудочный подход к жизни.

ВВЕРХУ. Для идеального дома Стрельца характерна уютная и обжитая атмосфера, бросается в глаза обилие книг и большой открытый камин.

Религия · Долговечность · Личное пространство

Дом Стрельца: из комнаты в комнату

Вход в дом

В вашем жилище нет рабского следования какому-то определенному стилю. Атмосфера домашнего уюта и покоя напоминает о сельской жизни. Конечно, когда-то оформление интерьера было выдержано в одном стиле, но со временем значительно обогатилось и изменилось за счет эклектического смешения личных пристрастий и предпочтений жильцов дома. Дом выглядит обжитым и несколько обветшавшим, гости в нем сразу чувствуют себя легко и непринужденно.

Вход в дом не отличается особой аккуратностью. Ваш образ жизни, связанный с пребыванием на свежем воздухе, определяет и функцию прихожей. Она играет роль буферной зоны, призванной стойко выдерживать все капризы погоды, отголоски которых проникают в дом вместе с вами и вашими животными. Нижняя часть стен обшита деревянными панелями, перед дверью прочный коврик, есть вешалка для верхней одежды, предусмотрено место для хранения обуви.

ВВЕРХУ. Чтобы попасть в дружелюбный дом Стрельца, нужно пройти через своего рода буферную зону, в которой остаются последствия плохой погоды.

Жилые помещения

Центр притяжения в вашей главной комнате — большой камин. Здесь же — каминные приборы, видавшее виды ведерко для угля и кучка ясеневых поленьев. Сбоку от камина стоят несколько похожих на деревенские корзин с запасом дров.

В современных интерьерах подобного эффекта можно добиться с помощью имитации «живого огня», питающегося от газа или электричества. На каминной полке — масса этнических фигурок, вырезанных из дерева, статуэток из пьютера, изображающих божества самых разных народов.

Чтобы усадить гостей, у вас есть большое канапе и кресла, расставленные полукругом. Вся мебель хорошего качества и все еще очень удобна, хотя и приходится прибегать к накидкам, чтобы скрыть некоторую изношенность. Так или иначе, гости ощущают непреодолимое желание сбросить туфли и отдаться непринужденной беседе. Телевизора нет, но есть большой книжный шкаф с хорошей библиотекой, который говорит о том, что в минуты отдыха вы предпочитаете заниматься чтением.

Ткани и обои

Дом Стрельца легко выдержит любое разнообразие тканей, текстур и покрытий. Смешивание — главная особенность оформления: создается впечатление, что дом «разрастался» сам по себе, а не строился по строгому плану. Исходя из вашей приверженности долговечности, лучше выбирать ткани из хлопка и льна, а не что-то тонкое и изысканное.

Полы

Главные критерии при выборе покрытия пола — легкость ухода, прочность и естественность. Для гостиных прекрасный вариант — отшлифованная и покрытая лаком половая доска с ковриками в фольклорном и восточном стиле; можно также использовать покрытия из натуральных волокон, например из волокна кокосовой пальмы и морской руппии. Для кухни и ванной комнаты идеально подходит керамическая или терракотовая плитка. Чтобы чувствовать себя так, как будто находишься во дворе, можно облицевать пол натуральным камнем, например плитами из сланца, песчаника или бутового камня.

ВВЕРХУ. Кухня Стрельца отличается весьма эклектичным подбором мебели разных стилей, собранной за многие годы. Атмосфера теплая, радушная, располагающая к непринужденному общению.

Освещение

По возможности нужно максимально использовать естественный дневной свет. Оформление окон не должно быть слишком вычурным, достаточно простых гардин, деревянных жалюзи или ставен — они обеспечат вам необходимое уединение. Внутреннее освещение вполне традиционно. Торшеры и настольные лампы с абажурами из плотных натуральных тканей больше отвечают атмосфере дома, чем ультрасовременные источники света.

Кухня

Еда не является идеей фикс для Стрельца, тем не менее вы совсем не против радостей жизни, к которым относятся вкусная еда, изысканные вина и обеспеченная жизнь. У вас много друзей, а совместные трапезы укрепляют дружеские отношения. Кухня Стрельца должна быть такой же дружелюбной, вместительной и несколько перегруженной разными предметами, как и остальные помещения дома. Независимо от местоположения, современный дом с доминирующей сельской темой как нельзя лучше соответствует вашему свободолюбивому, открытому характеру. В качестве мебели предпочтительнее вещи из сосны и очень

ВВЕРХУ. Интерес Стрельца к высшим материям нашёл воплощение в этой оригинальной металлической скульптуре. Покрывало «под зебру» напоминает о дальних странах.

темного дуба. Впечатление близости к природе подчеркивает пол из терракотовых или сланцевых плит или из бутового камня. Если в кухне достаточно места, хорошо бы поставить большой обеденный стол. В простом кухонном шкафу из сосны или дуба выставлена разная, но гармонирующая по тону фарфоровая посуда. Повсюду развешаны кастрюли и сковородки — они создают в кухне интерьер в стиле ретро. Нержавеющая сталь будет смотреться здесь неуместно, более органичны предметы из меди, латуни и эмали.

Спальня

Ваша спальня — не только место для сна, в ней вы можете предаваться радостям жизни, проводить долгие осенние вечера за бокалом красного вина, сидя перед телевизором. Здесь также хорошо проводить утро в выходные дни, когда некуда спешить и можно полистать воскресные газеты. Используя насыщенные осенние тона для отделки стен и для гардин, вы создадите в спальне располагающую к отдыху атмосферу, сохранив при этом близость к природе. Рельефное покрытие пола из морской руппии или волокна кокосовой пальмы задает тон. Ему соответствует каркас кровати из старой сосны, дуба или кованого железа. Кровать застелена клетчатыми шерстяными одеялами. Отдельные шкафы для хранения вещей из не очень темного дерева

Предметы искусства и украшения

Если вспомнить об ассоциациях Стрельца с религией и философией, не будет большой неожиданностью обнаружить, что предметы искусства и украшения в вашем доме проникнуты духовными и религиозными мотивами. Это могут быть репродукции ранних христианских икон, буддистские статуэтки, орнаментальные литые изображения древних египетских и индуистских богов. Стрелец особенно близко ассоциируется с пьютером.

смотрятся в этом интерьере более органично, чем разного рода стенки или встроенные шкафы. Очень хороша подержанная мебель, ее поношенный вид прекрасно гармонирует с атмосферой покоя и непринужденности. Солидный комод из натурального дерева, бельевой сундук и плетеные корзины для хранения вещей довершат картину.

Ванная комната

Ваша ванная уютна и удобна. Нельзя сказать, что она отличается большой аккуратностью. Присутствует ощущение какой-то незавершенности. В ней светло и много воздуха, в удобных местах размещено несколько выносливых растений; витает аромат солей и ароматических масел для ванны, ее украшает целая батарея баночек и пузырьков.

Сама ванна, раковина и туалет — чисто-белого цвета. Вся арматура медная, сиденье туалета деревянное. Если позволяют средства и площадь, идеальны большая старомодная раковина и эффектная отдельно стоящая ванна. Шкафчик изготовлен из старой сосны или другого дерева того же тона. С ним гармонируют открытые полки с множеством банных принадлежностей.

Стены ванной грубо оштукатурены и выкрашены в светлые пастельные тона, также близкие краскам природы, но здесь они более свежие, бодрящие, напоминающие о весне. Пол облицован однотонной, белой с сероватым или желтоватым оттенком керамической плиткой в продолжение мягкой, естественной цветовой гаммы. Для большего комфорта около туалета, раковины и ванны положены тканые коврики.

Декоративные растения

Для вашего дома идеальны выносливые растения. Конечно, вы любите комнатные цветы, но часто подолгу отсутствуете и не можете надлежащим образом обеспечить их потребность в свете, тепле и воде. Прекрасной альтернативой живым комнатным растениям служат срезанные цветы или эффектные букеты засушенных растений. Стрельцы ассоциируются с садовыми гвоздиками, которые можно выращивать дома.

СЛЕВА. Ванная комната Стрельца оставляет ощущение незавершенности. Однотонная окраска или голая штукатурка стен служат прекрасным фоном для немного обшарпанных деревянных элементов и привлекательной мебели для ванной в состаренном стиле.

Дом Стрельца: из комнаты в комнату

Дополнительная комната

Стрельцов всегда интересуют новые идеи и необычные философские направления. Они терпимо относятся к мнению других людей, увлекаются сравнительной религией и философией. Не всегда соглашаясь с точкой зрения собеседников, Стрельцы готовы выслушать их концепции и идеи, признавая право личности отстаивать собственные убеждения.

Столетиями великие мыслители излагали свои идеи в книгах. Поскольку Стрелец покровительствует издательскому делу, все рожденные под этим знаком с глубоким уважением относятся к печатному слову. Поэтому идеальной дополнительной комнатой в доме Стрельца является библиотека.

Если есть такая возможность, все стены комнаты от пола до потолка можно завесить дубовыми книжными полками. Полки гнутся под тяжестью сотен книг, разных по «возрасту» и размеру — от потрепанных изданий в кожаных переплетах, старых брошюр и книг в твердом переплете до богатого выбора самых последних романов в мягких обложках и справочников. Пара старомодных кожаных кресел и письменный стол создают идеальные условия для спокойного чтения. Пол может быть затянут ковровым покрытием или облицован натуральным камнем, но в любом случае его украшают несколько экзотических ковриков.

ВВЕРХУ. Пусть электронные средства массовой информации и Интернет завоевывают мир, но для вас ничто не заменит доброго старинного фолианта. Печатное слово не умрет, пока живут Стрельцы.

Сочетание с другими знаками

Овен
Безусловно, вы понимаете друг друга, когда дело касается декоративного оформления интерьера. В конце концов, жизнь слишком коротка, чтобы беспокоиться о каких-то мелочах, а обсуждения важных вопросов вы не боитесь. Будучи знаком огня, вы придерживаетесь сходных взглядов, просто Стрелец придает больший размах дерзким замыслам Овна.

Телец
Телец любит окружать себя комфортом и роскошью, а Стрелец предпочитает путешествовать или гулять с собакой. Однако по большому счету оба знака склонны потакать своим желаниям. Эта пара не идеальна, но если судьбе будет угодно свести их вместе, у них будет, по крайней мере, одна точка соприкосновения.

Близнецы
Этот союз встречается довольно часто и бывает очень счастливым. Зрелые, здравомыслящие Стрельцы спускают с небес на землю ветреных Близнецов, обеспечивая постоянство дизайна и надежность семейной жизни. Близнецы легко увлекаются, и им трудно быть хранителями домашнего очага.

Рак
Этот союз нельзя назвать классическим, тем не менее он встречается довольно часто, чтобы быть простым совпадением. Стрельцы склонны вести активную жизнь вне дома, Раки же предпочитают сидеть в своем убежище. Таким образом, оформлением интерьера занимается в основном Рак, вклад Стрельца выражается в расставленных тут и там вещах, привезенных им из дальних и ближних поездок.

Лев
Союз двух знаков огня традиционно считается удачным. Лев буквально расцветает, если его высоко ценят, он должен быть во всем «самым-самым». Стрелец также испытывает склонность ко всему большому и величественному, поэтому будет потакать Льву и восхищаться его творческим энтузиазмом.

Дева
Несмотря на общее увлечение природными материалами, Стрелец считает стиль Девы слишком скучным. Вы бы предпочли использовать более разнообразную цветовую гамму и разместить повсюду интересные артефакты со всего мира.

Весы
Союз может быть вполне удачным, поскольку Весы ценят твердые взгляды, и не только на оформление интерьера. Обычно они соглашаются со всеми вашими предложениями, но при этом довольно прилипчивы. И конечно, не поймут вас, если вы отправитесь путешествовать без них.

Скорпион
Хотя это не классическое сочетание, вас может объединить общее увлечение этническим искусством и декором. Однако Скорпион очень бережно относится к своему имуществу, а вы более беспечны, неуклюжи и шумны. После первых же неприятных эксцессов произойдет резкая перепалка. Вы-то скоро забудете об этом, но только не Скорпион.

Другие Стрельцы
Два Стрельца прекрасно уживаются друг с другом. Однако бесконечные отлучки из дома ставят под сомнение само продолжение работ по оформлению интерьера. С другой стороны, это может сыграть вам на руку. Почему бы не пригласить друзей принять участие в вечеринке и не привлечь их к работе по декорированию вашего жилища?

Козерог
Должно быть, этим знакам есть чему поучиться друг у друга, раз такой союз иногда встречается. В хорошем настроении Козерог — сама твердость и стабильность, если же он встал не с той ноги, то кажется унылым и скучным. Обычно берет верх второй вариант, почему мы и не рекомендуем такой союз.

Водолей
У вас много общего. Водолея определенно заинтересует ваш сельский уклад жизни, особенно если в нем присутствуют эзотерические или этнические декоративные элементы и альтернативный подход с некоторым уклоном в фольклорные мотивы. Водолей, в отличие от вас, питает большое пристрастие к новым технологиям, но в целом вы прекрасно поладите друг с другом.

Рыбы
У вас мало общего с Рыбами. Вы согласны, что все эти тонкие гардины на окнах и полупрозрачные ткани выглядят очень мило, но для вас это лишняя докука. Вы вспоминаете о своих резиновых сапогах, мокрых собаках и принесенной с улицы грязи... Нет, это определенно не для вас!

Козерог
22 декабря – 19 января

Приоритеты: постоянство, надежность, солидность, структура, традиции.

Типичный Козерог

Козероги — натуры серьезные, ответственные, расчетливые, осторожные, консервативные, сдержанные и приземленные. В большинстве своем они честолюбивы, решительны и трудолюбивы, часто главное в их жизни — успех и карьера. Как правило, у Козерогов поначалу трудно складывается жизнь, но в зрелости они добиваются процветания, видного положения и уважения в обществе.

Они требовательны к себе и постоянно чем-то заняты. Им бывает трудно остановиться и расслабиться.

Козерог — прекрасный добытчик, если говорить о материальных благах, и обычно ставит практические вопросы выше чисто духовных. Это великолепное качество с точки зрения преодоления неизбежных в жизни каждого взлетов и падений, но, как правило, оно пагубно отражается на эмоциональных взаимоотношениях с близкими. Тем не менее эти натуры, рожденные под знаком Сатурна, очень чувствительны и хотят, чтобы окружающие были о них самого высокого мнения. Пессимизм и депрессия — постоянные спутники Козерога, но, несмотря на чрезмерную внешнюю серьезность, им часто присущи сдержанный юмор и незаурядная интуиция.

Дом Козерога

В дом Козерога лучше не приходить без предупреждения. Его обитатели наверняка окажутся занятыми: либо они занимаются домашними делами, либо на службе у них аврал и они взяли работу на дом. Они погружены в свои проблемы и вряд ли обрадуются, если вы им помешаете.

Дело не в том, что им неприятно вас видеть, просто у них очень много дел. Они поведут себя прямо и откровенно, но не грубо, и вы сразу поймете, что мешаете им. Лучше договориться о визите заранее или подождать, пока вас пригласят, только в этом случае придется проявить терпение. У хозяев будет возможность подготовить дом к вашему визиту. Вы, может быть, и не заметите в нем никаких изменений, но для них разница будет весьма значительной. Ведь им пришлось столько потрудиться, чтобы достойно вас принять!

Типичные черты
Благоприятные
Честолюбивый • усердный • консервативный • здравомыслящий • постоянный • внутренне дисциплинированный • ответственный • реалистичный

Менее благоприятные
Пессимист • расчетливый • мелочный • склонный к хандре • замкнутый • косный • строгий • суровый

Ассоциации
Символ Рыба-Коза
Планета-покровитель Сатурн
День недели Суббота
Счастливые цвета Темно-коричневый, темно-зеленый, серый и черный
Счастливое число Восемь
Камень Темный сапфир, черный жемчуг, оникс и гагат
Металл Свинец
Цветы Амарант, черный мак, анютины глазки, болиголов, плющ обыкновенный, паслен
Деревья и кустарники Осина, вяз, сосна, айва, тис и ива
Страны и регионы Афганистан, Албания, Босния, Болгария, Индия, Литва, Мексика и Великобритания
Города Бранденбург, Брюссель, Дели, Гент, Мехико, Оксфорд и Порт-Саид
Лучшие партнеры Телец, Дева и часто Овен
Худшие партнеры Весы

Десять ключевых факторов
- ворота
- гончарные изделия
- гранит
- дерево
- известняк
- камень
- кирпич
- кожа и шкуры животных
- скульптура
- уголь

Дерево

Кожа

Знаки зодиака

Знак земли

Козерог предпочитает практические ценности, принципы и материалы, неподвластные времени, и придерживается традиционных и консервативных вкусов и взглядов. Он — неустанный труженик и больше всего ценит вещи, добытые с большим трудом. Идеальная цветовая гамма включает оттенки коричневого, черного и темно-зеленого.

Любимый материал — камень, поскольку он, хотя и труден в обработке, позволяет получить долговечные изделия. Кроме того, Козерог обладает развитым чувством структуры и формы, поэтому в его доме особенно органично смотрятся голая кирпичная кладка или открытые балки. Последние, кроме того, часто свидетельствуют о возрасте и долговечности дома, что так ценит этот знак.

ВВЕРХУ. Ваш знак покровительствует всему традиционному и ортодоксальному. Вы предпочитаете консервативный подход к оформлению интерьера, поэтому замену коврового покрытия выкрашенными в белый цвет половицами можно рассматривать как радикально новое направление в ваших взглядах.

Скульптура | Кирпичи | Камень

Дом Козерога: из комнаты в комнату

Вход в дом

Козероги любят все традиционное и предпочитают верные, испытанные временем рецепты. Ваш выбор — это прочные материалы и ограниченная палитра, включающая чистые тона, особенно популярна у Козерогов простая черно-белая гамма. Поэтому при входе в дом гостей поражает качественность обстановки и почтительное отношение к ценностям прошлого.

Пол в прихожей облицован мелкой матовой керамической черно-белой плиткой, уложенной в шахматном порядке. Он воссоздает атмосферу прошедшей эпохи и демонстрирует искусную работу, столь редко встречающуюся в наши дни. Здесь установлен громоздкий радиатор, выкрашенный в черный цвет. Над входной дверью — окно с витражом, нижняя часть стен обшита темными деревянными панелями. Зеркало в позолоченной раме на стене позволяет убедиться, что хозяин, встречая гостей, выглядит безупречно. В прихожей довольно холодно, поскольку вы круглый год соблюдаете режим экономии.

Жилые помещения

Центральной достопримечательностью гостиной является традиционный камин. Он приобретает особенно впечатляющий вид, если облицован орнаментированным камнем, деревом или даже окрашенным бетоном. Козерог правит и углем, и деревом, и это помогает зажечь яркий огонь. В современных домах удобны газовые или электрические камины с имитацией пламени. Резные карнизы, кованая решетка, латунные аксессуары и выложенный плиткой пол перед камином довершают картину, олицетворяющую высокое качество работы.

Для отдыха идеально подходит большой мягкий диван в стиле «честерфилд». Обивка может быть из черной или коричневой кожи либо из красной кожи с красивым эффектом состаренности. В комплект входят кресла с высокой спинкой и подлокотниками с обивкой другого цвета. В единое целое их объединяет одинаковая отделка ножек.

В гостиной Козерога наиболее уместно однотонное ковровое покрытие светлого оттенка, например кремового, на самых видных местах лежат персидские ковры. Постарайтесь приобрести ковры экстра-класса, именно такие вещи соответствуют вашему стилю.

Полы

В вашем доме найдется место большинству видов покрытий. Роскошные ковровые покрытия уместны в спальне и гостиной, важное дополнение в спальне — персидские ковры. Для холла и ванной идеальна керамическая плитка, для кухни — темный натуральный камень. В больших гостиных великолепно смотрится паркет, дополнительную привлекательность ему придают эксклюзивность и те трудности, с которыми связана его укладка.

ВВЕРХУ. Черно-белая кафельная облицовка холла в доме Козерога — идеальный вариант с точки зрения традиционного консерватизма, износоустойчивости и ярко выраженной геометричности узора.

Ткани и обои

Козерогу очень близок такой материал, как мешочная ткань, что связано с ее грубым и «бедным» внешним видом. Однако в вашем доме вряд ли найдется место для этого материала, поскольку здесь акцент делается на проверенных временем качестве и стиле. К счастью, с вашим знаком связана и кожа — ее аристократичность гораздо больше уместна в интерьере вашего дома.

Освещение

Окна обычно оформлены с роскошью: это могут быть сборчатые занавеси, гардины с фестонами, фалдами, декоративными завязками и причудливыми узорами или шторы из роскошных тяжелых материалов, например бархата или пушистой шенили. В качестве источников света используются и настольные лампы с основанием в виде канделябров, и торшеры из латуни или под золото. В эту картину вписываются также настенные двойные бра с лампочками-миньонами и тканевыми абажурами. Ваши представления о престиже допускают даже использование оригинальной люстры.

Кухня

Еда вас не очень волнует, но вы любите принимать гостей по случаю семейных праздников или из деловых соображений. Поэтому кухню нужно обустроить так, чтобы она все время была в рабочем состоянии. Центральное место занимает большая кухонная плита. Конечно, вы с неохотой пойдете на такие затраты, но в конце концов оцените ее долговечность, качество и возможность произвести впечатление на друзей.

ВВЕРХУ. Традиционная английская кухня в сельском стиле как нельзя лучше подходит Козерогу. Чтобы сделать ее идеальной, не хватает только открытых балок, ведь вы с глубоким почтением относитесь к возрасту вообще и, в частности, питаете пристрастие к старинным домам.

Дом Козерога: из комнаты в комнату

Пол в кухне должен быть облицован каменными плитами — сланец, темный мрамор или гранит позволят получить необходимый приглушенный цвет. В такой же темной гамме можно подобрать материал для столешниц и облицовки стены вокруг мойки. Мебель должна иметь фасонные, отделанные филенками фасады. Лучший материал для нее — темное дерево, например красное дерево, орех или старый дуб. В такой традиционной обстановке современная бытовая техника смотрится неуместно, поэтому должна храниться в шкафах. Керамическая мойка, медные кастрюли и эмалированная кухонная посуда больше соответствуют стилю Козерога, чем современные изделия из алюминия и нержавеющей стали. Завершающий штрих — смеситель в форме лебединой шеи.

ВВЕРХУ. Массивная, в традиционном стиле кровать занимает центральное место в вашей спальне. Вам больше придутся по вкусу белые простыни, шерстяные одеяла и пуховое одеяло вместо стеганого лоскутного.

Спальня

Классическая кровать с четырьмя столбиками — вариант, идеально соответствующий пристрастию Козерога к прошлому, но, возможно, на ваш консервативный вкус излишне нарочитый. Вместо нее вы предпочтете внушительных размеров кровать с изогнутыми спинками. Этот необычный предмет станет центральным элементом в вашей спальне, причем без всякого намека на претенциозность, с которой может ассоциироваться первый вариант.

Традиционными постельными принадлежностями будут белое постельное белье, шерстяное или пуховое одеяло, лоскутное стеганое одеяло — не ваш стиль. Для хранения вещей предназначены большой гардероб из красного дерева, комод и туалетный столик из темного дерева, которые гармонируют с кроватью. Завершает картину круглый ночной столик, накрытый узорчатой тканью. Мягкий свет прикроватной лампы с абажуром создает необходимую атмосферу. И конечно, пол должен быть застелен качественным ковром.

Ванная комната

Облицовка черно-белой плиткой, уложенной в шахматном порядке, подойдет не только для холла, но и для ванной комнаты. Правда, следует подобрать плитку покрупнее: она лучше смотрится в просторном помещении. Эффектно выглядит глазурованный черно-белый кафель, уложенный ромбоидальным узором, особенно в сочетании с латунными или позолоченными смесителями и однотонными стенами такого же золотистого цвета.

Предметы искусства и украшения

Козерог покровительствует гончарным изделиям и скульптуре, а также камню и дереву. Поэтому несколько старых фарфоровых вещиц, бюст выдающегося исторического деятеля или какая-нибудь традиционная скульптурная композиция — «чем старее, тем лучше» — займут почетное место в интерьере вашего дома. Соответствуют стилю Козерога и латунные и позолоченные аксессуары, такие, как рамы для зеркал и картин. Связь этого знака с животным миром находит выражение в лежащей на видном месте шкуре или паре рогов, вывешенных на стене в качестве охотничьего трофея.

Нижнюю половину стен можно облицевать белыми керамическими плитками: это обеспечивает плавный визуальный переход от одного декоративного решения к другому. Бордюр из черных орнаментальных плиток, черное сиденье на унитазе и черная мебель подчеркивают замысел дизайнера. Сантехнику следует выбрать простую, контрастного белого цвета, по возможности в стиле какой-либо исторической эпохи. Подвесная раковина, большая ванна и унитаз со старомодным бачком вверху на стене прекрасно дополняют декор помещения.

ВВЕРХУ. Ванная Козерога также напоминает о прошедшей эпохе. Простой черно-белый декор в сочетании с латунными кранами и душем создает впечатление высокого качества.

Дом Козерога: из комнаты в комнату

Дом Козерога: из комнаты в комнату

Декоративные растения

Большинство растений, связанных с Козерогом, лучше чувствуют себя в более суровых условиях на свежем воздухе, хотя некоторые из них, например амарант и декоративные виды плюща, можно выращивать в доме. Аспидистра, которую в викторианскую эпоху называли «чугунным растением», замечательно растет в холодных и темных местах, какие легко можно найти в доме Козерога. Кроме того, поскольку этот знак ассоциируют с несколькими видами деревьев, почему бы не завести пару образцов бонсай? Дисциплина и постоянство, связанные с этим искусством, как нельзя лучше воплощают принципы, исповедуемые Козерогом.

СЛЕВА. Козерогу следует выделить достаточно места для работы, поскольку у него масса дел и он часто берет работу домой.

Дополнительная комната

Учитывая вашу страсть к работе — особенно во внерабочее время и дома, — дополнительную комнату в идеале следует отвести под кабинет. Однако не думайте, что он будет обставлен современной офисной мебелью. Разумеется, в большинстве случаев не обойтись без определенного набора технических средств. В комплект могут входить телефон, факс, ксерокс, принтер, компьютер и тому подобное. Конечно, большинство Козерогов уже приняли на вооружение телефон и ксерокс и готовы решительно взяться за освоение факса. Однако когда дело доходит до компьютера, оказывается, что многие из вас до сих пор тюкают на стародавней пишущей машинке, которая неплохо выглядела тогда, когда ваша бабушка была еще девочкой.

Как бы то ни было, вам понадобятся письменный стол, стул, места для хранения и пространство для работы. В остальном же, чем меньше примет современной жизни будет на виду, тем лучше. Поэтому можно считать почти идеальным вариант, когда компьютер помещен в старинное бюро с выдвижной крышкой, ящики которого используются для хранения документации. Соответствуют стилю Козерога также бюро из красного дерева или ореха, в котором спрятан факс, и кожаное рабочее кресло.

Сочетание с другими знаками

Овен
Козерог — знак земли, а Овен — знак огня, поэтому обычно они плохо ладят друг с другом. Однако оба настолько сильные партнеры, что часто между ними возникает взаимное уважение. Доминирует декоративный проект Козерога, хотя Овен никогда не молчит, если с чем-то не согласен.

Телец
Поскольку вы оба знаки земли, то скорее всего разделяете общие консервативные и практичные взгляды на оформление дома. Вы цените высокое качество, хотя, возможно, Тельцу придется бороться за каждый предмет роскоши, который Козерог наверняка сочтет ненужной расточительностью. В остальном же это удачный союз.

Близнецы
Близнецы и Козерог — не очень хорошее сочетание. По мнению Козерога, Близнецы слишком любят разнообразие, слишком непостоянны и слишком многое оставляют незавершенным. Козерог считает, что многие идеи Близнецов зиждутся на преходящих ценностях и достоинства их часто кажущиеся. На ваш взгляд, их увлечения пусты и легкомысленны.

Рак
У вас одинаково традиционный подход к дизайну интерьера, во многом ваши вкусы и мнения сходятся. Однако ваш собственный дом вполне может стать холодным и безжизненным музеем. Рак же помогает сделать его теплее и уютнее, привнося более округлые формы, нежность и любовь. Кроме того, в доме всегда будет много еды.

Лев
Вы оба стремитесь к тому, чтобы вас заметили и оценили по достоинству, и это поможет вам найти общие точки соприкосновения. Однако вы предпочитаете все неброское, скромное и качественное, в то время как Львы больше склонны ко всему яркому, кричащему. Поэтому временами они будут казаться вам нахальными и хвастливыми.

Дева
И Козерог, и Дева ценят качество. Правда, стиль Девы более скромный и менее монументальный, чем стиль Козерога, и поэтому более благоприятный для жизни. Кроме того, он гораздо современнее, хотя и находит выражение в спокойных приземленных формах.

Весы
Вероятно, вы сочтете дизайнерские решения Весов несколько легкомысленными. Весы склонны придавать большое значение красивому внешнему виду и такой обстановке, которая располагает к общению. Вас же в гораздо большей степени интересуют практические вопросы. Зачастую вы не видите смысла в изысканных элементах декора.

Скорпион
Скорпион способен потратить массу времени на обустройство своего жилища. В большинстве случаев у вас не хватает на это терпения, хотя при необходимости вы способны приложить некоторые усилия, например если готовитесь к приему важных гостей.

Стрелец
Ваш подход к семейной жизни строгий и сдержанный. Вам нравится аккуратный дом, у вас высокие стандарты поведения, и вы многого ждете от других. В отличие от вас, Стрельцы раскованны и беспечны. Уборкой они занимаются от случая к случаю и предпочитают более обжитую обстановку. Вероятность конфликтов весьма высока.

Другие Козероги
Безусловно, у вас общие взгляды, диктуемые традиционным консервативным подходом к дизайну, но временами могут возникать разногласия. Это более вероятно, когда строгий, без излишеств, стиль Козерога-мужчины приходит в противоречие с более замысловатыми идеями его партнерши.

Водолей
Эти два знака во многом выражают противоположные взгляды. Козерог демонстрирует постоянство, приверженность традиции и консервативный подход. Водолей предвещает перемены, революционные результаты и отход от всего, что было раньше. Вероятно, лучшим решением будет большой дом, разделенный на отдельные жизненные пространства.

Рыбы
Рыбы часто нуждаются в руководстве. Лучше, если эти сострадательные, с тонкой интуицией натуры будут опираться на более практичных, но близких по духу партнеров. Козероги сразу понимают это уязвимое место Рыб и быстро берут ситуацию под контроль. При условии, что они не подавят креативный потенциал Рыб, в этом союзе сложатся прекрасные отношения.

Водолей
20 января — 18 февраля

Приоритеты: современные взгляды, индивидуализм, прогрессивность, нетрадиционность.

Типичный Водолей

В астрологии Водолеи известны как самые большие индивидуалисты. Временами они бывают необязательными, эксцентричными, своенравными и непредсказуемыми. Они известны своими прогрессивными взглядами, пренебрежением к условностям и принятым нормам, отличаются исключительным свободолюбием. Их совершенно не заботит, что кто-то может отнести наиболее крайние из их идей к безумным. При этом чаще всего Водолеи руководствуются самыми лучшими побуждениями.

Водолеи бесстрашно развивают свои непопулярные идеи, руководствуясь искренней заботой обо всем человечестве. Покровительствуемые планетой Уран, они часто бывают представителями таких областей, как информационные технологии, астрология и других современных направлений мысли. Водолеи неизбежно окажутся среди тех, кто первым встретит грядущую Эпоху Водолея. Однако в личностном плане Водолеям следует быть осмотрительными: индивидуализм может легко обернуться изоляцией, а жизнерадостная эксцентричность иногда кажется нелепой и вызывает непонимание.

Дом Водолея

Водолей — знак, который более других ассоциируется с парадоксами, когда, например, неподходящие и не связанные между собой предметы помещаются рядом, создавая поразительный визуальный эффект. Особенно наглядно это проявляется в доме Водолея. Здесь соседствуют старые и новые, традиционные и суперсовременные вещи, образуя такие сочетания, которые обычно никому не приходят в голову. Эффект буквально завораживает, во всяком случае в доме Водолея.

Таким образом, в идеале типичный Водолей должен жить либо в сельской глубинке, либо в центре города, но только не на полпути. Ему придётся по душе уединённое сельское жилище где-нибудь там, где обрывается извилистая дорога, или перестроенное чердачное помещение, пентхаус или складское помещение там, где город никогда не спит. Общее у этих крайностей то, что до обоих местожительств не так легко добраться и что Водолей будет заранее предупреждён о вашем приближении.

Типичные черты

Благоприятные
Прогрессивный • гуманный • независимый • нетрадиционный • дружелюбный • рациональный • справедливый

Менее благоприятные
Капризный • недисциплинированный • эксцентричный • своенравный • сумасбродный • непостоянный • равнодушный

Ассоциации

Символ Водонос (Водолей)
Планета-покровитель Уран
День недели Пятница
Счастливые цвета Цвет электрик, бирюзовый и чёрный
Счастливое число Четыре
Камень Аметист и опал
Металлы Уран, алюминий, возможно, платина
Цветы Все виды орхидей
Деревья и кустарники Ракитник-золотой дождь, цитрусовые, большинство плодовых деревьев
Страны и регионы Эфиопия, Финляндия, Иран, Россия, Швеция и Сирия
Маленькие и большие города Бремен, Брайтон, Гамбург, Хельсинки, Москва, Зальцбург и Санкт-Петербург
Лучшие партнёры Близнецы и Весы
Худшие партнёры Телец и Скорпион

Десять ключевых факторов

встроенное оборудование
компьютеры
модернизация
новая технология
парадоксы
свет и освещение
стереосистемы
телевидение
технические новинки
электричество

Встроенная арматура

Технические новинки

Знак воздуха

Для Водолея характерен тот же рассудочный, интеллектуальный склад ума, что и для всех знаков воздуха. Водолеи не входят в число сентиментальных натур, наоборот, они склонны смотреть на вещи трезво и рационально. В большинстве своем это люди общительные, но по-разному относящиеся к своей независимости и личному пространству. Часто им нужно некоторое время побыть в одиночестве, чтобы заняться своими личными делами.

Что касается цвета, Водолеи традиционно ассоциируются с синими оттенками воздушной палитры, дополненной эффектным цветом электрик, который придает декору ультрасовременный вид. Непременной чертой их идеального дома должен быть великолепный вид из окна и ощущение открытого, наполненного воздухом пространства.

ВВЕРХУ. Современное переоборудованное складское или чердачное помещение в центральной части города прекрасно подходит для жилища Водолея, особенно если занимает «командные высоты» и не требует штор, чтобы укрыться от чужих глаз.

Свет и освещение

Телевидение

Модернизация

Дом Водолея: из комнаты в комнату

Вход в дом

Идеальное жилище Водолея расположено либо в сельской глубинке, либо в самом центре города. Последний вариант более характерен для этого знака, но в обоих случаях имеется ряд общих особенностей. Гостям Водолея, живущего на природе, непросто найти его дом, скрывающийся в конце длинной подъездной аллеи. Поскольку это единственное жилье в округе, обитатели дома издали заметят приближающуюся машину. Вряд ли посетители отправятся в такую даль на авось, решительно настроенным придется договориться о визите заранее.

То же самое можно сказать и о переоборудованных верхних этажах складских помещений в центре города, которые Водолеи чаще всего выбирают в качестве жилища. Они тоже труднодоступны, а обилие транспорта в городе и ограничения на парковку способны отпугнуть случайных посетителей. Эти жилища хорошо защищены домофонами и разного рода системами охранной сигнализации. Поэтому вы всегда заранее предупреждены о приближении незваных гостей.

Жилые помещения

Предположим, ваш идеальный дом — перестроенное складское помещение в центре города. Миновав все системы защиты, вы попадаете в квартиру. Первое, что бросается в глаза, — открытая планировка и неограниченный простор. Для типичного Водолея это очень важно, поскольку он относится к представителям стихии воздуха, и, следовательно, его обилие оказывает на него благотворное действие. Второе, что привлекает внимание, — огромные, без всякого убранства окна и потрясающий вид на простирающийся за окнами город, что усиливает впечатление безграничного простора и свободы.

Для подобного помещения лучше всего полы из отполированной и покрытой лаком доски и кирпичная кладка стен, оставленная нетронутой, без отделки. Альтернативный вариант — окраска стен простой белой эмульсионной краской. Одна из стен выделена ярким цветом как центр притяжения внимания. Ваша мебель — ультрасовременная по стилю — создает интересный контраст с довольно неприметным обрамлением. Это комплект из огромного дизайнерского дивана из черной кожи и хромированных элементов, гармонирующих с ним кресел и журнального столика из хромированной стали и стекла в минималистском стиле. На полу большой ковер с эффектным геометрическим узором. Наконец, большой телевизор с плазменным экраном и домашний музыкальный центр последней модели.

Полы

Удобный вариант для дома Водолея — отшлифованная и покрытая лаком половая доска. Великолепно смотрятся половицы, выкрашенные в белый цвет. Современный вариант — покрытия из каучука или пластика,

ВВЕРХУ. Где бы ни находилась резиденция Водолея — в сельской глубинке или в центре города, — маловероятно, что вам удастся пройти мимо незамеченными. К тому же до нее может быть очень непросто добраться.

Ткани и обои

Лучшие ткани для вашего дома — яркие, смелые, уравновешивающие простой, даже несколько аскетический характер обстановки. Особенно рекомендуются эффектные рисунки, заимствованные из мира природы, например ткани под шкуру леопарда или зебры либо воловью кожу. Конечно, вы никогда не станете поддерживать убийство диких животных в чисто декораторских целях, но использование натуральной кожи и замши не вызывает у вас протеста.

особенно имитирующие старые материалы и тем самым подчеркивающие ваше пристрастие к смешению старого и нового. Наконец, для тех, кто хочет подчеркнуть свою любовь к индустриальному стилю, идеально металлическое покрытие пола.

Освещение

И в этом отношении в доме Водолея наиболее уместны самые современные технологии, поэтому подойдут встроенные потолочные галогеновые софиты и вообще светильники необычного дизайна. Следует впустить в дом максимум дневного света: этому способствуют огромные окна и полное отсутствие штор, оформление окон должно быть предельно упрощено и стилизовано. Прекрасно подходят металлические жалюзи, деревянные ставни и простые хлопковые шторы.

ВВЕРХУ. Водолей любит новые изобретения, технику и свежие идеи. Использование панелей из листового металла для облицовки этой барной стойки — безусловно новое слово в оформлении интерьера. Эта технология помогает придать кухне ультрасовременный вид, который вам так нравится.

Кухня

Открытая планировка вашего жилища предполагает, что кухня будет выделена только путем разумной расстановки мебели по зональному принципу или с помощью перегородок, например открытых стеллажей. Главное в кухне — блестящая кухонная плита из нержавеющей стали, такая же облицовка стены над мойкой и стальная вытяжка. Все это красиво освещено галогеновыми софитами, встроенными в потолок над рабочей зоной. Даже в тех редких случаях, когда Водолей-горожанин ест дома, он предпочитает готовые блюда из ресторана, поэтому ультрасовременный стиль его кухни можно подчеркнуть, не слишком заботясь о практичности. Это позволяет использовать стальную, цинковую или титановую плитку для облицовки стен, рабочих поверхностей и даже пола.

Другой вариант обстановки для помещения со свободной планировкой — сочетание корпусной мебели и отдельных предметов, которые изготовлены преимущественно из белого светлого дерева и прекрасно дополняют доминирующий металлический декор. Достойное место занимают стекло и хромированная арматура, развешанная на стенах кухонная утварь из стали, огромный холодильник округлой формы в стиле ретро.

ВВЕРХУ. Урбанистического вида спальня не загромождена никакими лишними вещами благодаря необычайно вместительным шкафам во всю стену. Зеркальный фасад делает их практически незаметными.

Спальня

В таком урбанистическом жилище и спальня должна быть оформлена в минималистском стиле. Прежде всего необходимо удобное место для хранения вещей, куда можно было бы убрать все, чем пользуются повседневно. Для этого больше всего подходят встроенные шкафы от пола до потолка, может быть даже с зеркальным фасадом, который скрывает их присутствие и усиливает впечатление обилия пространства и света. Большой стеллаж, состоящий из открытых кубов, вмещает массу всякой всячины и скорее подчеркивает, чем умаляет, намеренно строгий и современный стиль интерьера.

Кровать также должна быть современной, но с некоторыми необычными штрихами, отражающими ваши причуды. Она может быть деревянной, низкой или из простого металла с окрашенными поверхностями и усиленная стойками. Спальное место на высоко поднятой платформе тоже в духе Водолея. Кирпичная кладка стен будет, пожалуй, выглядеть слишком индустриальной, поэтому лучше покрасить стены белой эмульсионной краской. Одна стена может быть выкрашена в контрастный тон.

Предметы искусства и украшения

В доме Водолея украшения следует использовать достаточно умеренно, чтобы не перегружать интерьер. Великолепно смотрится какое-нибудь необычное произведение современного монументального искусства, уместны также причудливые по форме декоративные предметы и вазы или несколько простых керамических изделий. Пара очень старых или экзотических предметов — редкое африканское резное изделие, хрусталь или древний образчик искусства неолита — все это эффектно подчеркнет вашу склонность к парадоксам.

Ванная комната

Водолей ассоциируется со всем современным, поэтому в ванной уместны последние тенденции в дизайне. Например, можно приобрести пластиковое покрытие для пола с перламутровым отливом. Подобный футуристический эффект соответствует общему духу дома Водолея. В остальном доминирует тема прозрачности: если бы существовал прозрачный цвет, он ассоциировался бы с вашим знаком. Для изготовления перегородки, отделяющей душевую кабинку, можно использовать стеклоблоки. Великолепная деталь — просвечивающая раковина из полупрозрачного или матированного стекла с узором «мороз» и металлической отделкой. В ультрамодный интерьер вписывается современная отдельно стоящая ванная эргономичного дизайна в обрамлении из алюминия или стали, а также галогеновые потолочные софиты и мозаичные плитки, которыми облицованы стены. Плитки можно подобрать в том же «металлическом» стиле.

ВВЕРХУ. Ванная Водолея выдержана в минималистском стиле и отражает самые последние тенденции в дизайне и декоре. Возможно, вы предпочтете душ, а не ванну, поскольку он больше отвечает вашему напряженному ритму жизни.

Дом Водолея: из комнаты в комнату

Декоративные растения

Особенно близки Водолею орхидеи. Среди множества видов этого растения можно выбрать тот, который больше нравится. Многие разновидности выведены специально для выращивания в домашних условиях (например, тигридия и венерин башмачок), некоторые из них без особого ухода цветут почти круглый год. Удивительная красота орхидей стоит затраченного труда. Не так давно этими растениями интересовались только специалисты, теперь же они в большом количестве смотрят на вас со страниц любого журнала по дизайну.

СЛЕВА. Интернет — средство связи, как нельзя больше соответствующее типичному Водолею, поскольку он дает возможность быть в дружбе со всеми и при этом никого не подпускать к себе слишком близко. Водолей — большой любитель всевозможной компьютерной техники.

Дополнительная комната

Вы любите технические новинки. Водолей — это знак, ассоциируемый с новыми идеями, современными технологиями и компьютерами. Вообще говоря, Водолеи всегда отличались талантами в этих областях, но появление Интернета беспредельно расширило их возможности. Теперь Водолеи могут заводить друзей по всему миру. Вы можете общаться в реальном времени с жителями самых экзотических и удаленных стран, сохраняя при этом дистанцию в физическом смысле, что возможно только с помощью электронной почты. Таким образом, идеальная дополнительная комната в доме Водолея — это помещение, где можно разместить компьютерное оборудование.

Здесь должен быть, по крайней мере, один компьютер новейшей модели с плоским монитором и ультрасовременным цветным принтером. Хорошо бы также иметь динамики и сканер. На заднем плане установлена стереосистема последней модели в корпусе из окрашенного металла — дополнительный источник развлечения. Простой современный рабочий стол из светлого дерева, например сосны, настольная лампа с регулируемым штативом и удобное рабочее кресло дополняют этот интерьер в стиле хай-тек.

Сочетание с другими знаками

Овен
Водолей обращен в будущее и всегда намного опережает остальных в том, что касается последних тенденций в дизайне. Овен считает себя лидером и инициатором новых начинаний, поэтому должен по достоинству оценить информированность Водолея, позволяющую ему быть среди тех, кто первым воспринимает новые идеи.

Телец
Вкусы Тельцов кажутся Водолеям слишком предсказуемыми. Их приверженность традициям вас не привлекает, а их помешанность на комфорте не будит воображение. Вы, конечно, оцените врожденное эстетическое чутье Тельца, но все-таки вам ближе экспериментирование с незнакомыми новыми материалами и ультрамодным дизайном.

Близнецы
Водолей — революционная натура, но иногда он несколько увязает в своих взглядах и способах их выражения. Близнецы читают все последние журналы и могут в подробностях рассказать о новейших тенденциях. Водолея, несомненно, приведет в восхищение такой воодушевляющий стимул.

Рак
У Водолея и Рака не так много общего, поскольку у Рака традиционный взгляд на домашнюю обстановку, а Водолей беспрестанно нарушает каноны. Однако многие Водолеи высоко ценят свое пространство, и это может стать фундаментом, на котором вы построите общий дом.

Лев
Эти знаки похожи — оба имеют собственный взгляд на вещи и оба уверены, что их мнение самое правильное. Объединять их под общей крышей не рекомендуется, поскольку каждый из них наверняка захочет делать все по-своему. Компромисс между ними возможен крайне редко.

Дева
Несмотря на то восхищение, которое вызывает у вас простота и естественность подхода Девы к дизайну интерьера, вы вряд ли придете к компромиссу — ваш собственный стиль гораздо более эклектичен. Вам трудно строго придерживаться какой-то одной схемы в декоре, вы постоянно нарушаете тщательно разработанные планы Девы, внося в них неожиданные дополнения.

Весы
Водолей и Весы — оба знаки воздуха, поэтому между ними возможен удачный союз. Временами вам начинает казаться, что гармоничный стиль Весов становится слишком комфортным, и тогда вы пытаетесь встряхнуть безмятежное существование какой-либо необыкновенной идеей.

Скорпион
Совместное проживание не рекомендуется, поскольку у каждого есть сложившиеся убеждения. Скорпион более непоколебимый, поэтому единственно возможный компромисс — это обустройство дома по плану Скорпиона с включением ряда эксцентричных элементов, характерных для Водолея. Однако вряд ли такое положение продлится долго.

Стрелец
У Стрельца и Водолея много общего. Обоим нужно много места, оба питают пристрастие к декоративным элементам из других культур и оба высоко ставят собственную независимость. Стиль Водолея модернистский и футуристический, тем не менее вы скорее всего согласитесь с идеями Стрельца.

Козерог
Спросите Водолеев об их самом страшном кошмаре и попросите назвать элементы дизайна, которые вызывают у них неприятие. Они опишут типичный дом Козерога: вычурность, исключительная почтительность к традиции, строгая и скучная атмосфера. У этих знаков мало возможностей для консенсуса.

Другие Водолеи
Поселите вместе двух Водолеев, и вы получите ошеломляющий результат — футуризм в его крайнем выражении. Дом может оказаться неуютным, холодным и безжизненным. Самые модные дизайнерские материалы производят потрясающее впечатление, но следует помнить, что зачастую в прошлом их не использовали по веским причинам.

Рыбы
Водолей обожает просторное, не загроможденное лишними вещами жилище, а Рыбы чувствуют себя в этой обстановке совершенно незащищенными. Они любят окружать себя предметами, за которыми можно укрыться, и Водолеи, натыкаясь на них, вскоре начинают раздражаться. Поэтому Водолеи и Рыбы не очень хорошо ладят друг с другом.

Рыбы
12 февраля — 19 марта

Приоритеты: уединение, доброта, творчество, музыка, интуиция, вера.

Типичные Рыбы

Многим знакам зодиака приписывают такое свойство, как чувствительность, но Рыбам в этом нет равных. Рожденные под этим знаком — натуры нежные, обладающие развитой интуицией, часто в них сильно духовное начало. Они поэтичны, артистичны и музыкальны, их легко выводит из равновесия грубая реальность. Рыбы способны просидеть всю ночь, выслушивая сетования друга или подруги. Аккуратность, практичность и своевременная оплата счетов представляют для них сложную задачу, требующую напряжения всех сил.

В остальном для Рыб больше всего подходят такие эпитеты, как неопределенный, расплывчатый, смутный. Они поддаются влиянию совершенно разных людей в зависимости от компании, в которой в данный момент находятся. Рыбы могут стать жертвой эскапизма, а иногда — наркотиков и алкоголя. Они бывают легковерными и часто попадают под влияние более сильных личностей. В благоприятных обстоятельствах принципы Рыб представляют собой идеал, к которому каждый должен стремиться. Когда благополучие другого человека ставится на одну доску с собственным, это значит, что главные догматы основных мировых религий воплощаются в жизнь.

Дом Рыб

В том, что касается домашнего очага, представители Рыб обычно разделяются на два лагеря. Как правило, этот знак не отличается особой аккуратностью, он ассоциируется с хаосом, и часто это проявляется слишком наглядно. Для рожденных под этим знаком не характерен упорядоченный подход к повседневным делам. Они — существа не от мира сего, их жизнь больше связана со всем таинственным и интуитивным, чем со скучной прозой повседневности.

Однако на практике многие Рыбы в противовес этим часто упоминаемым свойствам живут в домах, на редкость рационально устроенных. Это явное противоречие подчеркивает двойственность данного знака: некоторые его представители питают почти фанатическое пристрастие к порядку. Если у вас возникнет соблазн уплыть в океан безграничных возможностей, аккуратный дом послужит тем якорем, который удержит вас на берегу.

Типичные черты

Благоприятные
Сострадающий • заботливый • милосердный • чуткий • идеалист • сверхчувствительный • одаренный богатым воображением • непритязательный

Менее благоприятные
Непрактичный • неопределившийся • беспомощный • ненадежный • склонный к эскапизму • неорганизованный • подверженный чужому влиянию

Ассоциации

Символ Рыбы

Планета-покровитель Нептун

День недели Четверг и пятница

Счастливые цвета Цвет морской волны, сиреневый и розово-лиловый

Счастливое число Семь и, возможно, три

Камень Аквамарин, изумруд и коралл

Металл Платина, олово и цинк

Цветы Мох, морские водоросли, водяные лилии и другие водные растения

Деревья и кустарники Инжир, ива, деревья, растущие в воде или около нее

Страны и регионы Египет, Нормандия, Северная Африка, Португалия, Самоа и Скандинавия

Города Александрия, Борнмут, Каус, Гримсби, Иерусалим, Севилья и Варшава

Лучшие партнеры Рак, Скорпион, Лев и Водолей

Худшие партнеры Близнецы, Стрелец, Дева

Десять ключевых факторов
- аквариумы
- вода
- вуаль
- колодцы
- лабиринты
- море
- нефть
- песок
- секреты
- фонтаны

Аквариумы   **Лабиринты**

Знаки зодиака

Знак воды

Рыбы — третий из водных знаков. Эти знаки по-разному ассоциируются с водой. Рак — повелитель озёр, ручьёв и рек. Скорпион покровительствует прудам, заводям и болотам. Рыбы повелевают водными глубинами и просторами, чаще всего связанными с морями и океанами.

Поэтому водная тема идеально подходит для оформления дома Рыб. Для её воплощения внутри дома и снаружи используются декоративные водные элементы. Можно поставить на видное место живописный аквариум или, используя натуральные материалы и немного фантазии, взять за основу пляжную тему.

ВВЕРХУ. Жилые помещения в доме Рыб могут показаться хаотичными, но в них всегда царит тёплая и радушная атмосфера. Минималистский стиль не подходит для вашего знака.

Море

Вуаль

Фонтаны

Рыбы 117

Дом Рыб: из комнаты в комнату

Вход в дом

С первого взгляда дом Рыб не впечатляет. Этот знак довольно скромный, предпочитающий держаться в тени. Со временем вы поймете, что материальная сторона жизни тоже заслуживает внимания, ведь денежные средства дают вам свободу выбора. Для вас важнее всего возможность вести образ жизни, соответствующий вашим духовным запросам, а не желание произвести впечатление.

Рыбы высоко ценят уединение и неприкосновенность личной жизни, и им не хотелось бы лишний раз оказаться на виду. Поэтому они предпочитают жить на тихой улочке или где-нибудь в неприметном месте в пригороде. Но в идеале им хотелось бы иметь дом недалеко от моря. В их нынешнем доме первое, что увидит гость, — это разнообразная обувь в прихожей. Рыбы, по-видимому, постоянно страдают от боли в ногах.

Жилые помещения

Ваш дом — это, по сути, тихая гавань, где можно укрыться от бурь и волнений. Поэтому обстановка в жилых комнатах должна быть максимально уютной и спокойной. Если вы живете в шумном месте, необходимо установить двойное остекление. Система отопления должна быть на высоте, поскольку газ и нефть находятся под покровительством вашего знака. Вы любите открытый огонь, но удобнее все-таки пользоваться современными способами отопления.

Неприкосновенность личной жизни — один из приоритетов для Рыб, поэтому они предпочитают, чтобы окна были прикрыты, если только дом не окружен зелеными насаждениями или из окон не открывается великолепный вид на море. Для вас важно хорошее освещение, поэтому лучше использовать для гардин легкие или прозрачные материалы, которые позволяют отгородиться от внешнего мира, но не препятствуют проникновению дневного света. Простая драпировка окон шифоном, муслином, кисеей и органзой солнечных оттенков сделает яркими даже самые темные, пасмурные дни.

Цвет морской волны, лазурный, небесно-голубой и бирюзовый оттенки великолепно дополняют цветовую гамму, контрастируя с видавшими виды мебелью и деревянным полом, покрашенными в белый цвет, и создают ощущение жизни на побережье.

Полы

Во всем доме лучше всего будут смотреться отшлифованные половицы. Можно оставить их так, как есть, либо покрасить стойкой белой эмульсионной краской, либо отбелить или придать более изысканный вид, обработав белой краской, смешанной с прозрачным лаком. Прекрасно подходит натуральное покрытие из морской руппии или сизаля, для большего комфорта поверх него стелют ковры естественных тонов с рельефным переплетением.

ВВЕРХУ. Вход в дом Рыб оформлен так, чтобы он как можно меньше выделялся на фоне окружающей среды, поскольку этот знак ценит уединение и зачастую скромен до крайности.

Ткани и обои

Обои не находят широкого применения в доме Рыб. Идеальный вариант отделки стен — деревянная вагонка. В прихожей вагонкой обшивают нижнюю часть стен, в спальне таким образом можно выделить одну стену. Вагонка хорошо подходит для отделки ванной комнаты и кухни. Самые уместные ткани в доме Рыб — легкие, полупрозрачные, воздушные.

ВВЕРХУ. Рыбы — знак, который не возражает против маленькой кухни: в ней все необходимое под рукой, и приготовление пищи не превращается в изнурительное занятие.

Освещение

Рыбы не любят яркий или прямой свет, поэтому освещение в вашем идеальном доме должно быть естественным, отраженным, неярким и рассеянным. Во многих ситуациях фаворитом является пламя свечей. Приглушенный свет стильных настольных ламп гораздо предпочтительнее, чем более резкое верхнее освещение. Оригинально и привлекательно выглядят прозрачные стеклянные светильники, оправленные в металл или белую эмаль.

Кухня

Рыбы — это знак, который вполне устраивает маленькая кухня. Ее легко содержать в чистоте и порядке. Вы сможете, стоя у плиты, дотянуться и до мойки, и до кухонного шкафчика. Это гарантия того, что ваш труд на ниве кулинарии увенчается успехом в отношении качества и своевременности. Узкая кухня-камбуз идеально вписывается в морскую тему оформления интерьера.

Дом Рыб: из комнаты в комнату

Наиболее удачным представляется простое и спокойное декоративное решение интерьера. В ограниченном пространстве удобнее всего секционная мебель со встроенной бытовой техникой. Она может быть отделана простой вагонкой или изготовлена в стиле шекеров (американская религиозная секта; мебель простая, добротная, традиционная, из натурального дерева. — *Примеч. пер.*). Подходит светлое дерево, например сосна, или окраска в белый цвет либо один из оттенков голубого, уже использованного в других помещениях.
В этой естественной и непринужденной обстановке неуместны глянцевые и слишком отражающие свет поверхности. На полу лучше всего будет смотреться натуральная доска — покрашенная, побеленная или «состаренная» иным способом, что подчеркивает радостную, спокойную, почти дачную атмосферу. На окнах занавески в сине-белую клетку, на полу — гармонирующий по тону хлопковый коврик. На открытых полках хранится посуда, столовые приборы и разнообразная кухонная утварь.

Предметы искусства и украшения

Украшения должны подчеркивать тему воды, моря и побережья, которая пронизывает интерьер вашего дома. Прекрасные образчики таких украшений — ракушки (например, морское ушко), перламутровые безделушки, засушенные морские звезды, морские ежи и кораллы. Необычайно эффектно выглядят простые ракушки, собранные в декоративные композиции в самых заметных или неожиданных местах. Очень хороши картины или фотографии с морскими видами.

Спальня

В интерьере идеальной спальни Рыб продолжается та же тема с использованием отбеленных и видавших виды вещей. Вспомните атмосферу отпуска, проведенного на побережье, жаркие дни на пляже, полные блаженного ничегонеделания, выброшенные на берег обломки дерева, естественно состарившегося под воздействием воды и солнца. Атмосферу хижины на берегу помогут воскресить в памяти циновки из сизаля или морской руппии, особенно в сочетании со стенами и полами, выкрашенными «под побелку» или полупрозрачной краской, возможна также обшивка стен вагонкой.

Грубую текстуру натурального покрытия пола можно смягчить текстурированными ковриками голубого или белого цвета. Более мягкий, но менее аутентичный вариант — тканый ковер натуральных тонов.

Мебель в спальне разнокалиберная и тоже видавшая виды, возможно, приобретенная в разное время в комиссионках или на распродажах. Обязательны гардероб, комод и старый деревянный стул. В идеале все эти предметы должны быть цвета отбеленного дерева или старой побелки. Центральное место занимает кровать из натуральной сосны или из кованого железа, выкрашенного в белый цвет. Простые льняные или хлопковые римские шторы на окнах довершают картину.

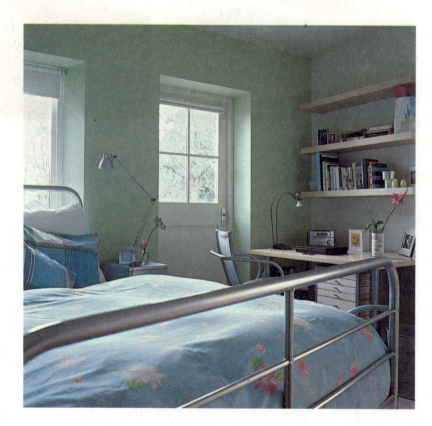

ВНИЗУ. Умиротворяющую атмосферу создают пастельные тона и полупрозрачные белые хлопковые жалюзи. Однако маловероятно, что в спальне Рыб надолго сохранится такой идеальный порядок.

Ванная комната

Именно в ванной тема моря может найти наиболее яркое воплощение. Общее декоративное оформление должно быть простым, самое главное для вас — мелкие детали интерьера. Деревянный пол, белые с сероватым или желтоватым оттенком стены, наполовину обшитые вагонкой, простые шторы на шнурках и разномастная мебель, выкрашенная «под старую побелку», — все это помогает создать фон для важнейших завершающих штрихов. Интересным дополнением будет круглое зеркало, напоминающее иллюминатор. Не хуже смотрятся голубые стены и ставни, а также окрашенная вагонка, которой обшита нижняя часть стены вокруг ванны. Лучше выбрать отдельно стоящую ванну. Морскую тему подчеркивают ракушки, галька, засушенные морские звезды, кораллы, губки, скелеты каракатиц и куски дерева, подобранные

ВВЕРХУ. Рыбы связаны с океаном. Ванная в вашем доме имеет особое значение, она предоставляет прекрасную возможность для развития морской темы.

Дом Рыб: из комнаты в комнату

ВВЕРХУ. Плавательный бассейн — лучшее дополнение к дому, где живут Рыбы. Ваш знак не морозоустойчив, поэтому в умеренном климате желательно иметь крытый бассейн или бассейн с подогревом.

когда-то на морском берегу. Эффектные композиции из этих вещей умело размещаются по всей комнате. Можно использовать гальку при изготовлении оригинальных дверных ручек или подвесок для выключателей. И наконец, свечи с ароматом моря создадут столь любимую вами романтическую атмосферу.

Дополнительная комната

Представители знака Рыб обожают воду. Вы любите нежиться в роскошной глубокой ванне, но, конечно, предпочли бы погрузиться в воду более основательно. Поэтому лучшим дополнительным помещением в доме Рыб будет собственный плавательный бассейн. Разумеется, в большинстве случаев это идея из области фантастики. Менее дорогостоящий вариант — джакузи в доме или снаружи или просто горячая ванна, где Рыбы могут смыть заботы и тревоги прошедшего дня. В теплом климате годится надувной бассейн — все лучше, чем ничего, хотя и далеко от идеала.

Рыбы любят природу, но они не очень морозоустойчивы. Вам больше подойдет подогреваемый бассейн во дворе со стеклянной куполообразной крышей, которую можно убирать в теплую погоду. Через стекло вы сможете любоваться красотами природы. Хорошо, если это стекло будет голубого или золотистого оттенка: как и цветные полупрозрачные шторы на окнах, такой «солнечный» купол сделает ярким даже самый пасмурный день.

Декоративные растения

Рыбы покровительствуют водным растениям. В обычном доме для их выращивания не так уж много возможностей. Поэтому для воплощения водной тематики вполне подойдут соответствующие по цвету стеклянные или керамические вазы с сухими стеблями камыша или тростника или растениями, привезенными с побережья. Уместно выглядят также лиственные тропические растения.

Сочетание с другими знаками

Овен
Стиль Овна слишком груб для бедных Рыб, которые в этом брутальном интерьере вскоре ощутят себя буквально как рыба, выброшенная на берег. Трудно найти нечто среднее между этими двумя декоративными стилями. Компромисс возможен только благодаря сознательности Овна.

Телец
У Рыб и Тельца много общего, и, возможно, они отлично уживутся. Телец мог бы заняться более крупными предметами, например роскошным диваном, а после того как будут расставлены главные структурные элементы, появятся Рыбы со своими фантастическими идеями, касающимися декора.

Близнецы
Близнецам нравится дополнять основную декоративную схему множеством интересных деталей, но не совсем так, как представляют себе Рыбы. Близнецы считают образ жизни Рыб неорганизованным и хаотичным, Рыбам же кажется, что Близнецам недостает сердечности и теплоты. Различия между ними едва заметны для посторонних, но очевидны для самих знаков.

Рак
Рак — заботливая и благожелательная натура, он с удовольствием будет поощрять Рыб к воплощению их творческих порывов. Рак не относится к тем, кто умаляет достоинства других или мешает развитию их личности. Он всегда будет делать все от него зависящее, чтобы обеспечить безопасную и надежную основу для совместной жизни.

Лев
Лев — знак огня, а Рыбы — знак воды, поэтому обычно между ними не бывает гармоничных отношений. Однако случается, что Рыб привлекают сильные личности, и тогда они восхищаются самыми вызывающими дизайнерскими подвигами Льва.

Дева
Дева слишком педантична для Рыб, у нее аналитический склад ума, она аккуратна и требовательна. Рыбы оказываются не на высоте в практических вопросах, но зато им нет равных в способности к состраданию, они наделены богатым воображением и творчески одарены. И они не нуждаются в том, чтобы их постоянно кто-то критиковал. Это не очень удачный союз.

Весы
Вы оба никак не можете выбрать ни одно, ни другое. Ваша нерешительность может привести к тому, что, сойдясь вместе, вы просто растворитесь в тумане неопределенности. Вам нравятся дизайнерские замыслы друг друга, но они вас не воодушевляют. Больших проблем между вами тоже нет, но может ли отсутствие различий быть достоинством?

Скорпион
Скорпион — натура очень волевая, а поскольку вы податливы, то сможете проявлять свои творческие способности только в рамках, дозволенных Скорпионом. Между вами есть и некоторое сходство — вы оба знаки воды. Если у вас все-таки будет возможность выразить себя, вы, по крайней мере, всегда будете знать, какой линии придерживаться.

Стрелец
Между вами нет особой любви. Стрелец слишком груб и неуклюж, у вас совершенно разный образ жизни и виды на будущее вашего дома. Вы знаете, что Стрелец не замышляет ничего плохого, но, после того как вам придется не один раз восстанавливать порушенные изящные декоративные композиции, вы, вероятно, будете готовы паковать чемоданы.

Козерог
Рыбы тянутся к Козерогам, поскольку их привлекает широта одаренной натуры рожденных под этим знаком. Однако декоративный стиль Козерога слишком строгий и формальный для такого впечатлительного и со всем соглашающегося знака, поэтому, возможно, Рыбам не удастся во всей полноте проявить свои таланты.

Водолей
Вам часто кажется, что Водолей понимает ваш язык. Однако когда дело доходит до декора и дизайна, между вами обнаруживаются разногласия. Линии Водолея современные и четкие, у вас они более мягкие и расплывчатые.

Другие Рыбы
Вы определенно сможете построить идеальный дом, выдержанный в «водном» стиле. Вы даже способны создать для себя сказочную страну, где можно исчезнуть навсегда. Зачастую в подобной ситуации один из партнеров-Рыб постепенно становится удивительно практичным, вероятно для того, чтобы пара окончательно не потеряла связь с реальностью.

Указатель

А

Астрологические дома 13

Б

Белый цвет
　настроение 16
Библиотеки 98
Близнецы 44–51
　ассоциации 44
　даты 11
　и Весы 51, 83
　и Водолей 51, 115
　и Дева 51, 75
　и Козерог 51, 107
　и Лев 51, 67
　и Овен 35, 51
　и Рак 51, 59
　и Рыбы 51, 123
　и Скорпион 51, 91
　и Стрелец 51, 99
　и Телец 43, 51
　изменчивый знак 13
　ключевые факторы 44
　типичные черты 44
　цвет 18, 22
Брак, астрологический дом 13

В

Ванные комнаты
　Близнецы 49
　Весы 80–81
　Водолей 112–113
　Дева 73
　Козерог 57
　Лев 64–65
　Овен 32
　Рак 57
　Рыбы 120–121
　Скорпион 89
　Стрелец 97
　Телец 41
Венера 36, 38, 40, 76
Весы 76–83
　ассоциации 76
　даты 11
　и Близнецы 51, 83
　и Водолей 83, 115
　и Дева 75, 83
　и Козерог 83, 107
　и Лев 67, 83
　и Овен 35, 83
　и Рак 59, 83
　и Рыбы 83, 123
　и Скорпион 83, 91
　и Стрелец 83, 99
　и Телец 43, 83
　ключевые факторы 76
　основной знак 13
　типичные черты 76
　цвет 18, 22
Взаимоотношения,
　астрологический дом 13
Внешние данные,
　астрологический дом 13
Водолей 108–115
　ассоциации 108
　даты 11
　и Близнецы 51, 115
　и Весы 83, 115
　и Дева 75, 115
　и Козерог 107, 115
　и Лев 67, 115
　и Овен 35, 115
　и Рак 59, 115
　и Рыбы 115, 123
　и Скорпион 91, 115
　и Стрелец 99, 115
　и Телец 43, 115
　ключевые факторы 108
　неподвижный знак 13
　типичные черты 108
　цвет 20, 22
Восьмой дом 13
Второй дом 13
Вход в дом
　Близнецы 46
　Весы 78
　Водолей 110
　Дева 70
　Козерог 102
　Лев 62
　Овен 30
　Рак 54
　Рыбы 118
　Скорпион 86
　Стрелец 94
　Телец 38

Г

Гардеробная 82
Голубой цвет
　знаки воздуха 22
　и настроение 16

Д

Двенадцатый дом 13
Дева 68–75
　ассоциации 68
　даты 11
　и Близнецы 51, 75
　и Весы 75, 83
　и Водолей 75, 115
　и Козерог 75, 107
　и Лев 76, 75
　и Овен 35, 75
　и Рак 59, 75
　и Рыбы 75, 123
　и Скорпион 75, 91
　и Стрелец 75, 99
　и Телец 43, 75
　изменчивый знак 13
　ключевые факторы 68
　типичные черты 68
　цвет 20
Девятый дом 13
Декоративные растения
　Близнецы 49
　Весы 82
　Водолей 114
　Дева 73
　Козерог 106
　Лев 66
　Овен 33
　Рак 57
　Рыбы 122

Скорпион 89
Стрелец 97
Телец 41
Десятый дом 13
Детская 58
Дома астрологические 13
Домашний офис 106
Дополнительная комната
  Близнецы 50
  Весы 82
  Водолей 114
  Дева 74
  Козерог 106
  Лев 66
  Овен 34
  Рак 58
  Рыбы 122
  Скорпион 90
  Стрелец 98
  Телец 42
Друзья, астрологический дом 13

Ж
Желтый цвет
  знаки огня 18
  и настроение 16
Жилая зона
  Близнецы 45, 46
  Весы 77, 78
  Водолей 109, 110
  Дева 69, 70–71
  Козерог 101, 102
  Лев 61, 62
  Овен 29, 30
  Рак 53, 54
  Рыбы 117, 118
  Скорпион 85, 86–87
  Стрелец 93, 94
  Телец 37, 38

З
Здоровье, астрологический
  дом 13
Зеленый цвет
  знаки воды 24

знаки земли 20
и настроение 16
Знаки воды
  и цвет воздуха 22
  и цвет земли 20
  и цвет огня 18
  Рак 52–59
  Рыбы 116–123
  Скорпион 84–91
  цвет 17, 24–25
Знаки воздуха
  Водолей 108–115
  и цвет земли 20
  и цвет огня 18
  Близнецы 44–51
  Весы 76–83
  и цвет воды 24
  цвет 17, 22–23
Знаки земли
  Дева 68–75
  и цвет воды 24
  и цвет воздуха 22
  и цвет огня 18
  Козерог 100–107
  Телец 36–43
  цвет 17, 20–21
Знаки зодиака
  даты 11
  и эстетические принципы 12
Знаки огня
  и цвет воды 24
  и цвет воздуха 22
  и цвет земли 20
  Лев 60–67
  Овен 28–35
  Стрелец 92–99
  цвет 17, 18–19

И
Игровые детские комнаты 58
Изменчивые знаки 13

К
Карьера, астрологический дом 13
Кастор 44

Качества 13
Кладовки 42
Книги 98
Козерог 100–107
  ассоциации знака 100
  даты 11
  и Весы 83, 107
  и Водолей 107, 115
  и Дева 75, 107
  и Лев 67, 107
  и Овен 35, 107
  и Рак 59, 107
  и Рыбы 107, 123
  и Скорпион 91, 107
  и Стрелец 99, 107
  и Телец 43, 107
  ключевые факторы 100
  основной знак 13
  типичные черты 100
  цвет 20
Компьютеры 114
Коричневый цвет, знаки земли 20
Красный цвет
  знаки воды 24
  знаки огня 18
  и настроение 16
Кухни
  Близнецы 47–48
  Весы 79–80
  Водолей 111–112
  Дева 72
  Козерог 103–104
  Лев 63–64
  Овен 31
  Рак 55–56
  Рыбы 119–120
  Скорпион 87–88
  Стрелец 95–96
  Телец 39–40

Л
Лев 60–67
  ассоциации 60
  даты 11
  и Близнецы 51, 67

Указатель

и Весы 67, 83
и Водолей 67, 115
и Дева 67, 75
и Козерог 67, 107
и Овен 35, 67
и Рак 59, 67
и Рыбы 67, 123
и Скорпион 67, 91
и Стрелец 67, 99
и Телец 43, 67
ключевые факторы 60
неподвижный знак 13
типичные черты 60
цвет 18
Луна 52

М
Марс 28

Н
Натальные карты 10–11
Нейтральные тона 20
Неподвижные знаки 13

О
Обои
 Близнецы 47
 Весы 78
 Водолей 110
 Дева 71
 Козерог 102
 Лев 62
 Овен 30
 Рак 54
 Рыбы 118
 Скорпион 86
 Стрелец 94
 Телец 38
Общение, астрологический дом 13
Овен 28–35
 ассоциации 28
 даты 11
 и Близнецы 35, 51
 и Весы 35, 83
 и Водолей 35, 115

и Дева 35, 75
и Козерог 35, 107
и Лев 35, 67
и Рак 35, 59
и Рыбы 35, 123
и Скорпион 35, 91
и Стрелец 35, 99
и Телец 35, 43
ключевые факторы 28
основной знак 13
типичные черты 28
цвет 18
Одиннадцатый дом 13
Оранжереи 74
Освещение
 Близнецы 47
 Весы 79
 Водолей 110–111
 Дева 71–72
 Козерог 102–103
 Лев 62–63
 Овен 30
 Рак 54–55
 Рыбы 118–119
 Скорпион 87
 Стрелец 94–95
 Телец 39
Основные знаки 13

П
Пастельные тона 20
Первый дом 13
Плавательные бассейны 122
Погреб 90
Подвальные помещения 90
Подсознание, астрологический
 дом 13
Поллукс 44
Полы, покрытие
 Близнецы 47
 Весы 78
 Водолей 110
 Дева 71
 Козерог 102
 Лев 62

 Овен 30
 Рак 54
 Рыбы 118
 Скорпион 87
 Стрелец 94
 Телец 38
Предметы искусства и украшения
 Близнецы 48
 Весы 80
 Водолей 112
 Дева 72
 Козерог 104
 Лев 64
 Овен 32
 Рак 56
 Рыбы 120
 Скорпион 88
 Стрелец 96
 Телец 40
Пурпурный цвет
 знаки огня 18
 и настроение 16
Пятый дом 12, 13

Р
Рабочие кабинеты 50
Рак 52–59
 ассоциации 52
 даты 11
 и Близнецы 51, 59
 и Весы 59, 83
 и Водолей 59, 115
 и Дева 59, 75
 и Козерог 59, 107
 и Лев 59, 67
 и Овен 35, 59
 и Рыбы 59, 123
 и Скорпион 59, 91
 и Стрелец 59, 99
 и Телец 43, 59
 ключевые факторы 52
 основной знак 13
 типичные черты 52
 цвет 24
Религия, астрологический дом 13

Романтические отношения,
  астрологический дом 13
Рыбы 116–123
  ассоциации 116
  даты 11
  и Близнецы 51, 123
  и Весы 83, 123
  и Водолей 115, 123
  и Дева 75, 123
  и Козерог 107, 123
  и Лев 67, 123
  и Овен 35, 123
  и Рак 59, 123
  и Скорпион 91, 123
  и Стрелец 99, 123
  и Телец 43, 123
  изменчивый знак 13
  ключевые факторы 116
  типичные черты 116
  цвет 24

С

Сараи 34
Седьмой дом 13
Скорпион 84–91
  ассоциации 84
  даты 11
  и Весы 83, 91
  и Водолей 91, 115
  и Дева 75, 91
  и Козерог 91, 107
  и Лев 67, 91
  и Овен 35, 91
  и Рак 59, 91
  и Рыбы 91, 123
  и Стрелец 91, 99
  и Телец 43, 91
  ключевые факторы 84
  неподвижный знак 13
  типичные черты 84
  цвет 24
Солярии 66
Спальни
  Близнецы 48–49
  Весы 80
  Водолей 112
  Дева 73
  Козерог 104
  Лев 64
  Овен 32
  Рак 56–57
  Рыбы 120
  Скорпион 88–89
  Стрелец 96–97
  Телец 40
Стихии 13
  и цвет 18–25
Стрелец 92–99
  ассоциации 92
  даты 11
  и Близнецы 51, 99
  и Весы 83, 99
  и Водолей 99, 115
  и Дева 75, 99
  и Козерог 99, 107
  и Лев 67, 99
  и Овен 35, 99
  и Рак 59, 99
  и Рыбы 99, 123
  и Скорпион 91, 99
  и Телец 43, 99
  изменчивый знак 13
  ключевые факторы 92
  типичные черты 92
  цвет 18

Т

Телец 36–43
  ассоциации 36
  даты 11
  и Близнецы 43, 51
  и Весы 43, 83
  и Водолей 43, 115
  и Дева 43, 75
  и Козерог 43, 107
  и Лев 43, 83
  и Овен 35, 43
  и Рак 43, 59
  и Рыбы 43, 123
  и Скорпион 43, 91
  и Стрелец 43, 99
  ключевые факторы 36
  неподвижный знак 13
  типичные черты 36
  цвет 20
Ткани
  Близнецы 47
  Весы 78
  Водолей 110
  Дева 71
  Козерог 102
  Лев 62
  Овен 30
  Рак 54
  Рыбы 118
  Скорпион 86
  Стрелец 94
  Телец 38
Третий дом 13

У

Украшения *см.* Предметы
  искусства и украшения
Уран 108

Ф

Философские убеждения,
  астрологический дом 13
Финансы, астрологический дом 13

Ц

Цвет 15–25
  знаки воды 24–25
  знаки воздуха 22–23
  знаки земли 20–21
  знаки огня 18–19

Ч

Четвертый дом 12, 13

Ш

Шестой дом 13

Э

Эмоции, астрологический дом 13

Paul Wade   Пол Уэйд
HOME ASTROLOGY   **АСТРОЛОГИЯ У ВАС ДОМА**

Перевод с английского Л. С. Головиной

Ответственный редактор Н. Н. ОВЧИННИКОВА
Художественный редактор Е. К. МАЗАНОВА
Технический редактор А. Т. ДОБРЫНИНА
Корректор Л. А. ЛАЗАРЕВА

Издание подготовлено в компьютерном центре издательства «РОСМЭН».

© Octopus Publishing Group Ltd 2004

First published in Great Britain in 2004 by
Hamlyn, a division of Octopus Publishing Group Ltd
2–4 Heron Quays, London E14 4JP

© Издание на русском языке.
ЗАО «РОСМЭН-ПРЕСС», 2006

*Все права на книгу на русском языке
принадлежат издательству «РОСМЭН».
Ничто из нее не может быть перепечатано,
заложено в компьютерную память или скопировано
в любой форме — электронной, механической, фотокопии,
магнитофонной записи или какой-либо другой —
без письменного разрешения владельца.*

Подписано к печати 20.02.06. Формат 84 × 108 $^1/_{16}$.
Бум. офсет. Гарнитура FreeSet. Печать офсетная.
Усл. печ. л. 13,44. Тираж 5000 экз. Заказ № 0603210.

ЗАО «РОСМЭН-ПРЕСС».
Почтовый адрес: 125124, Москва, а/я 62. Тел.: (495) 933-71-30.
Юридический адрес: 129301, Москва, ул. Бориса Галушкина, д. 23, стр. 1.

Наши клиенты и оптовые покупатели могут оформить заказ,
получить опережающую информацию о планах выхода изданий
и перспективных проектах в Интернете по адресу: www.rosman.ru

ОТДЕЛ ОПТОВЫХ ПРОДАЖ:
все города России, СНГ: (495) 933-70-73;
Москва и Московская область: (495) 933-70-75.

Отпечатано в полном соответствии с качеством
предоставленного электронного оригинал-макета
в ОАО «Ярославский полиграфкомбинат»
150049, Ярославль, ул. Свободы, 97

Уэйд П.
У97   Астрология у вас дома / Перевод с английского Л. С. Головиной. — М.: ЗАО «РОСМЭН-ПРЕСС», 2006. — 128 с.

В книге рассказывается о том, как знание принципов астрологии может помочь в достижении гармонии с окружающим миром. Читатель узнает, как создать идеальную с астрологической точки зрения домашнюю обстановку и ужиться с теми, кто родился под тем же или другим знаком зодиака, а также почерпнет массу рекомендаций специалистов-астрологов по дизайну всех помещений в доме.

Для широкого круга читателей.

ISBN 5-353-02322-6 (рус.)   УДК 133.52
ISBN 0-600-61092-6 (англ.)   ББК 86.42

© Издание на русском языке.
ЗАО «РОСМЭН-ПРЕСС», 2006